Frauenfragen zu besonderen Tagen

Hayd*, *Nifas*, *Istihadah

بسم الله الرحمن الرحيم

Frauenfragen zu besonderen Tagen

Hayd, Nifas, Istihadah

SEMERKAND

Frauenfragen zu besonderen Tagen
Hayd, Nifas, Istihadah

info@erolmedien.de

ISBN: 978-3-95707-004-3

Autor: Hasip Asutay
Übersetzt aus dem Original
(Kadınlara Özel Haller)
von Enis Nalbant

Lektorat und Grafik: Erol Medien GmbH

Erstauflage 2013

Druck:
Pasifik Ofset
İstanbul 2013

Titelbild Fotolia.com: Invitation © E. Zacherl

EROL MEDIEN

Erol Medien GmbH
Kölner Str. 256
51149 Köln

Tel: +49 (0) 2203/ 36 94 90
Fax: +49 (0) 2203/ 3 694 910

E-Mail: info@erolmedien.de
Web: www.erolmedien.de
www.semerkandonline.de

Inhalt

Kapitel I: *Hayd*

Kapitel II: *Nifas* (Wochenbett)

Kapitel III: *Istihadah* und *Udhr*

Kapitel IV: Fragen und Antworten

Kapitel V: Fragen zur Überprüfung des Wissensstandes zu den besonderen Tagen

Anmerkung des Übersetzungsteams

- Medizinische Begriffe wurden in diesem Buch im islamischen Kontext definiert und verwendet.

- Die Wiedergabe der in diesem Buch zitierten *Hadithe* und *Ayets* erfolgte sinngemäß.

- Wenn zwei unterschiedliche Rechtsurteile der Gelehrten in diesem Buch gegenübergestellt werden, ohne dass danach eine Wertung vorgenommen wird (wie z.B. „die *Fetwa* wird nach Imam Ebu Yusuf ausgesprochen“), dann hat die Leserin die freie Auswahl.

- Ist in den Fußnoten die ursprüngliche türkische Schreibweise der Quellen beibehalten worden, so ist diese aus dem Original übernommen. Die Quellen in den restlichen Fußnoten sind Ergänzungen des Übersetzungsteams.

- Die Frauen sollten sich unbedingt die Phasen ihrer Monatsblutungen in einem Kalender notieren, damit sie nicht in die unangenehme Situation einer *Muhayyarah* geraten (vgl. Abschnitt *Muhayyarah*). Menstruationskalender, in denen die Menstruationsphasen vermerkt werden können, gibt es gratis in den Apotheken.

Vorwort des Autors

Das Thema „Blutungen der Frau“ ist im islamischen Recht (*Fiqh*) einer der wichtigsten – und leider auch kompliziertesten – Themenbereiche. Für jede Frau und jedes Mädchen in der Pubertät ist es *Fardul Ayn* (individuelle Pflicht), sich genauestens über dieses Thema zu informieren, denn sie wird immer wieder damit konfrontiert werden. Die Einhaltung zahlreicher religiöser Vorschriften – wie denen für das Gebet und das Fasten, den Umgang mit dem Edlen Quran, die Umrundung der Kaaba, den erlaubten Beischlaf oder die Berechnung der Wartezeiten für Witwen und Geschiedene – ist einer Frau nur dann möglich, wenn sie weiß, ob sie sich in einem Zustand der rituellen Reinheit oder Unreinheit befindet.

Ein Beispiel: Eine Frau glaubt, dass ihre Periode bereits vorbei sei, obwohl diese noch andauert. So betet sie oder fastet oder hat Beischlaf mit ihrem Mann, in der Annahme, dafür göttlichen Lohn zu erhalten. In Wirklichkeit hat sie sich aber vor Allah dem Erhabenen eine Sünde begangen, denn all diese Taten sind ihr während der Menstruation verboten (*haram*).

Eine andere Frau meint hingegen, dass ihre Periode noch andauert, obwohl diese schon längst abgeklungen ist. Deshalb kommt sie – in scheinbar sicherem Glauben, dass dies rechtens sei – ihrer religiösen Pflicht zu beten und im Monat Ramadan zu fasten nicht nach. Für dieses Versäumnis wird sie dann jedoch am Tage des Gerichts zur Rechenschaft gezogen.

Wir wollen hier ausdrücklich auch alle Ehemänner und Väter an ihre Verantwortung erinnern. Denn es gehört zu ihren Pflichten, die Frauen, die sich in ihrer Obhut befinden, zu beraten und ihnen verständnisvoll zur Seite zu stehen.

Dieses Büchlein soll interessierten Laien und Fachleuten gleichermaßen eine Hilfe sein. Wie bei früheren Arbeiten haben wir auch hier das Thema gemäß der hanefitischen Rechtsschule in leicht verständlicher Sprache aufgearbeitet. Bei grundlegenden Unterschieden zwischen hanefitischer und schafi'itischer Rechtsschule haben wir das schafi'itische Rechtsurteil als Fußnote aufgeführt.

Trotz aller Anstrengungen sind auch wir nicht frei von Fehlern. Aus diesem Grund stehen wir Kritik und Verbesserungsvorschlägen offen gegenüber und werden diese in der Überarbeitung für die nächste Auflage berücksichtigen.

Aller Erfolg kommt von Allahﷻ.

Hasip Asutay

Allgemeines: Definition von *Hayd, Nifas und Istihadah*

- ***Hayd*** **(Regel, Periode, Menstruation, Monatsblutung, Tage)**

Hayd bedeutet wörtlich „fließen“. Als Fachbegriff bezeichnet man damit die periodisch wiederkehrende Blutung einer Frau, die in der Gebärmutter entsteht und durch die Vagina nach außen tritt. Die Ursache dieser Blutung ist weder Krankheit noch Wochenbett. Wenn die Blutung der Frau länger als drei Tage andauert, spricht man von Monatsblutungen. Die maximale Dauer der Periode beträgt zehn Tage. Alles was darüber hinausgeht nennt man irreguläre vaginale Blutungen (*Istihadah*). Ferner wird vorausgesetzt, dass zwischen zwei Monatsblutungen mindestens 15 Tage vergangen sein müssen. Bekommt die Frau vor Ablauf dieser Frist Blutungen, so spricht man wiederum von *Istihadah* und nicht von *Hayd*.

Für eine Frau, die ihre Tage hat, gelten spezielle religiöse Vorschriften: Sie darf in diesem Zeitraum weder beten noch fasten, keine Moschee betreten, den Edlen Quran nur berühren, wenn er sich in einer Hülle befindet, nur *Ayets* aus dem Edlen Quran rezitieren, die als Bittgebet gelten und auch mit der Absicht dazu rezitiert werden, nicht die Kaaba umrunden und nicht mit ihrem Mann Geschlechtsverkehr haben. Gebete, die eine Frau wegen ihrer Periode verpasst hat, muss sie nicht nachholen, Fastentage hingegen schon.

Das Menstruationsblut entsteht folgendermaßen: Beim Eisprung löst sich ein Ei aus den Eierstöcken und wandert zur Gebärmutterschleimhaut. Wird das Ei während seiner Wanderung befruchtet, so nistet es sich in der Gebärmutterschleimhaut ein. Wird es nicht befruchtet, so nistet es sich nicht ein. Dann wird die

Gebärmutterschleimhaut vom Körper abgebaut und mittels der Regelblutung abgestoßen. Die Menstruationsflüssigkeit enthält also die abgestoßene Schleimhaut und etwas Blut. Daher ist das Monatsblut dickflüssig und zäh, kann verschiedene Farben annehmen (rot, schwarz, grün, gelb, braun oder grau) und riecht unangenehm. Das Auftreten, einer weißen klaren Flüssigkeit zeigt meist das Ende der Monatsblutungen an.

- ***Nifas* (Wochenfluss, Wochenbettfluss, Wochenblutung, Wochenbett, im Kindsbett liegend)**

Nifas bedeutet wörtlich „Geburt“ und in der Fachsprache der Islamrechtler „Wochenfluss der Frau“. Der Entstehungsort dieser Blutung ist die Gebärmutter und ihre Ursache ist die Geburt eines Kindes. Die Zeit des Wochenflusses beginnt unmittelbar nach der Geburt des Kindes und kann maximal 40 Tage andauern. Blutungen, die über den 40. Tag hinausgehen, sind keine Wochenblutungen mehr, sondern irreguläre vaginale Blutungen (*Istihadah*). Die Frau unterliegt während des Wochenbetts denselben Einschränkungen wie eine menstruierende Frau. Sie darf also weder beten noch fasten, noch die anderen – in der Definition von *Hayd* beschriebenen – gottesdienstlichen Handlungen ausführen oder mit ihrem Mann Geschlechtsverkehr haben. Die Wöchnerin sollte nach der Geburt darauf achten, wie lange ihre Wochenblutungen anhalten, denn dieser Zeitraum wird bei der nächsten Entbindung als Vergleichswert herangezogen.

Es gibt auch Frauen, die überhaupt keine Wochenblutungen bekommen. Dies geschieht meist bei Frauen, die schon öfter gebaren. In diesem Fall sind diese Frauen daher unmittelbar nach einer Geburt wieder dazu verpflichtet, ihre religiösen Pflichten vollständig zu erfüllen.

Der Wochenfluss entsteht folgendermaßen: Bei einer Geburt lösen sich die Plazenta und die Eihäute von der Gebärmutterwand ab. Dabei entsteht eine etwa handtellergroße Wundfläche. Besonders in den ersten Tagen nach der Geburt setzt sich der Wochenfluss größtenteils aus Plazentaresten und Blutklümpchen zusammen. In der Folgezeit besteht der Wochenfluss vorwiegend aus Wundsekret, das bei der Heilung der Wunde an der Gebärmutterwand entsteht. Wochenfluss hat einen leicht muffigen Geruch.

- ***Istihadah* (abnorme vaginale Blutung, irreguläre vaginale Blutung, Zwischenblutung)**

Mit *Istihadah* werden alle Blutungen bezeichnet, die in den inneren Geschlechtsorganen der Frau entstehen und nicht *Hayd* oder *Nifas* sind. Das *Istihadah*-Blut ist frisches Blut, das nicht aus der Gebärmutter, sondern aus Adern im Vaginalbereich stammt. Daher ist es dünnflüssig und riecht nicht. *Istihadah* gilt als *Udhr* (Entschuldigungsgrund), das heißt dass eine Frau, die *Istihadah* hat, ganz normal beten und fasten muss, selbst wenn sich die Blutung nicht stoppen lässt. Denn als der Prophet ﷺ über eine Frau mit starken Zwischenblutungen befragt wurde, sagte er: *„Sie soll die kleine Gebetswaschung durchführen und beten, selbst wenn das Blut (dabei) auf die (Gebets-)Matte tropft“*[1].

Zur Entstehung von *Istihadah*: Abnorme Blutungen entstehen meist durch die Verletzung von Adern im Vaginalbereich. *Istihadah* kann aber auch durch das Vorhandensein von gutmütigen Tumoren (Myome) im Bereich der Gebärmutter herrühren (ca. 25 bis 30 Prozent aller Frauen im gebärfähigen Alter entwickeln solche Myome) oder andere Ursachen haben. Deshalb sollte eine Frau bei häufigem Auftreten von abnormen Blutungen einen Arzt aufsuchen.

---

1 Ibn Madscheh, 624

Kapitel I: *Hayd*

Vom Beginn der Menstruation

Frage: Womit setzt die Menstruation ein?

Antwort: Sobald das Menstruationsblut durch das äußere Geschlechtsorgan der Frau nach außen tritt, hat ihre Periode eingesetzt. Solange also eine Frau lediglich das Gefühl hat, dass die Blutung in ihrem Inneren schon im Gange ist, jedoch noch kein Blut nach außen getreten ist, hat auch ihre Regel noch nicht eingesetzt.[2]

Vom Ende der Menstruation

Frage: Womit endet die Menstruation?

Antwort: Die Periode endet, wenn die Blutung vollkommen zum Stillstand gekommen ist oder eine klare weiße Flüssigkeit austritt.[3]

Von der ersten Menstruationsblutung (Menarche)

Frage: Ab welchem Alter setzen die Regelblutungen bei einem Mädchen frühestens ein?

Antwort: Eine Regelblutung tritt bei einem Mädchen frühestens nach Vollendung seines 9. Lebensjahres ein. Diese kann bis zu

2 Menhelu'l Waridîn, Tahtawî, S. 73. Nach Imam Muhammed ist auch in diesem Fall die Menstruation eingetreten.

3 El-Fikhu'l-Islamî, 1/462.

den Wechseljahren periodisch wiederkehren. Die Lebensjahre werden hierbei nach dem Mondkalender berechnet.[4] Bei Mädchen, die jünger als neun Jahre alt sind, oder bei Frauen, die ihre Menopause (siehe nächste Frage) schon hinter sich haben, gilt eine Blutung nicht als Regelblutung, sondern als abnorme Blutung (*Istihadah*).[5]

Mit dem Einsetzen ihrer ersten Periode gilt ein Mädchen nach islamischem Recht als Erwachsene. Das heißt dass sie zur Erfüllung der religiösen Pflichten – wie Gebet, Fasten, Pilgerfahrt, Armensteuer – verpflichtet ist. Entsprechend setzt bei einem Jungen die Geschlechtsreife mit seinem ersten Samenerguss ein. Haben Mädchen trotz Vollendung ihres 15. Lebensjahres noch keine Regelblutungen und Jungen noch keinen Samenerguss gehabt, so gelten diese trotzdem als geschlechtsreif und damit als erwachsen.[6]

Vom Alter der letzten Menstruation (Menopause)

Frage: In welchem Alter enden die Menstruationszyklen der Frau?

Antwort: Die Monatszyklen einer Frau enden – nach der hanefitischen Rechtsschule –spätestens mit Vollendung des 55. Lebensjahres.[7] Dieses gilt als Höchstalter für den Eintritt der

4 Nach der schafi'itschen Rechtsschule gilt eine Blutung, die frühestens 16 Tage vor der Vollendung des 9. Lebensjahres eines Mädchens eintritt (dies entspricht der Dauer des kürzestmöglichen Monatszyklus) schon als Regelblutung.

5 Fethu'l-Kadîr, 1/142.

6 El-Fikhu'l-Islamî, 1/456.

7 Tahtawî, S. 111. In der schafi'itschen Rechtsschule gibt es kein Höchstalter für den Eintritt in die Menopause. Nach ihr ist es grundsätzlich möglich, dass eine Frau ihr ganzes Leben lang eine

Menopause.[8] Wie im islamischen Recht üblich, werden auch hier die Lebensjahre nach dem Mondkalender berechnet.

Nur in Ausnahmefällen kann eine Frau auch nach dem 55. Lebensjahr noch eine Regelblutung bekommen. Die Blutung muss dann aber eine schwarze oder dunkelrote Färbung aufweisen, damit sie als Regelblutung eingestuft wird. Weist die Blutung eine andere Färbung auf, so gilt sie als abnorme Blutung. 9

Islamrechtliche Einordnung der Blutungen einer Schwangeren

Frage: Kann eine schwangere Frau Monatsblutungen bekommen?

Antwort: Nein, eine schwangere Frau kann keine Periode bekommen Blutungen während der Schwangerschaft werden als *Istihadah* eingestuft.[10]

Regelblutung bekommt. Allerdings enden alle Menstruationszyklen einer Frau allerspätestens mit 62 Jahren.

8 El-Fikhu'l-Islamî, 1/456.

9 Durer, 1/1/44.

10 El-Fikhu'l-Islamî, 1/457. Nach der schafi'itschen Rechtsschule kann eine Schwangere Regelblutungen bekommen. Genügt eine Blutung während der Schwangerschaft den Kriterien einer Regelblutung, so wird sie auch als solche eingestuft (Envar, 1/48).

Die Farbe der Regelblutung

Frage: Welche Färbung muss eine Blutung aufweisen, damit sie als Monatsblutung gilt?

Antwort: Monatsblut kann eine der folgenden sechs Farben annehmen: schwarz, rot, gelb, grün, grau und braun.[11]

Weist die Blutung einer Frau eine dieser sechs Farben auf, so hat ihre Periode eingesetzt.[12]

Die Farbe des Bluts wird bestimmt, solange dieses noch frisch ist, denn dann hat das Blut noch seine natürliche Färbung. Die Farbe getrockneten Blutes ist hingegen nicht aussagekräftig, weil sich die Färbung des Blutes beim Trocknen verändern kann.[13]

Die Ursache für die möglichen Farbvariationen des Blutes liegt in den unterschiedlichen körperlichen Verfassungen und Ernährungsgewohnheiten der Frauen begründet.

Die passende Einordnung einer Blutung

Frage: Welche Arten von Blutungen gibt es?

Antwort: Eine Blutung kann *sahih* (echt) oder *fasid* (unecht) sein:

---

11 Bedaiu's-Sanai', 1/39. Nach der schafi'itschen Rechtsschule kann das Monatsblut nur fünf Farben annehmen. Diese sind: schwarz, rot, rötlich-braun, gelb und grau (Envar, 1/48).

12 Menhelu'l-Waridîn, S. 84. Nach Imam Ebu Yusuf leitet eine Blutung in grauer Farbe nicht die Periode ein.

13 Menhelu'l-Waridîn, S. 84.

1. Echte Blutungen: Regel- und Wochenbettblutungen sind echte Blutungen; mit ihnen gehen religiöse Einschränkungen für die Frau einher.

2. Unechte Blutungen: Andere als die Regel- und Wochenblutungen sind allesamt unechte Blutungen; mit ihnen gehen keine religiösen Einschränkungen für die Frau einher.

Frage: Was bedeutet *tuhr*

Antwort: *Tuhr* heißt „sauber, rein". Mit *tuhr* bezeichnet man den Zustand der Frau, in dem sie keine Blutungen hat.

Von der Dauer der Periode

Frage: Wie lange kann eine Menstruationsphase dauern?

Antwort: Eine Periode dauert mindestens drei Tage und drei Nächte und maximal zehn Tage und zehn Nächte.[14] Die durchschnittliche Länge von Monatsblutungen beträgt fünf Tage.[15] Blutungen, die weniger als drei Tage oder mehr als zehn Tage andauern, sind keine Regelblutungen (*Hayd*), sondern abnorme Blutungen (*Istihadah*).[16]

---

14 Diese Ausführungen über die Regeldauer basieren auf folgender Überlieferung des Propheten ﷺ: „Die kürzeste Regelblutung der Jungfrau und der entjungferten Frau beträgt drei Tage und drei Nächte, ihre längste zehn Tage." (Vgl. Taberani: „Mu'dschem" und Daraqtani: „Sunen")

15 Nach der schafi'itschen Rechtsschule beträgt die kürzeste Dauer der Periode einen Tag und eine Nacht, die längste 15 Tage. Die durchschnittliche Dauer beträgt sechs bis sieben Tage. Nach der malikitischen Rechtsschule gibt es keine Mindestdauer der Periode, die Höchstdauer beträgt 15 Tage.

16 Tahtawî, S.110.

Periodentage ohne Regelblutung

Frage: Wertet man diejenigen Tage der Periode, in denen keine Blutung auftritt, ebenfalls als *Hayd*?

Antwort: Ja,[17] es ist nicht erforderlich, dass die Blutung während der gesamten Periode durchgehend anhält; sie kann zwischenzeitlich auch komplett zum Stillstand kommen.[18]

Beispiel: Eine Frau hat vier Tage Regelblutungen. Danach setzen ihre Blutungen für zwei Tage aus, dann wieder für zwei Tage ein. In diesem Fall werden die gesamten acht Tage als zusammenhängende Menstruationszeit (*Hayd*) betrachtet.[19]

---

17 Nach der malikitischen und der hanbelitischen Rechtsschule gilt eine Frau in den Phasen ihrer Menstruation, in denen sie keine Blutungen hat, als rein: Setzt die Blutung aus, so führt sie den *Ghusl* (Ganzkörperwaschung) durch und verrichtet ihre Gebete.

18 Nach der schafi'itschen Rechtsschule darf eine Blutung, die nur einen Tag und eine Nacht andauert, keine Unterbrechungen aufweisen. Das heißt aber nicht, dass das Blut in dieser Zeitspanne durchgehend fließen muss, sondern es reicht aus, wenn sich Spuren davon in der Binde bzw. der Einlage nachweisen lassen. Wenn die Blutung länger als einen Tag und eine Nacht anhält, so darf diese auch Unterbrechungen aufweisen, ihre Gesamtdauer muss aber insgesamt einen ganzen Tag und eine ganze Nacht betragen. (Mahallî, 1/98; Muğnî, 1/109)

19 Durer, 1/40; El-Fikhu'l-Islamî, 1/463.

Von der Dauer der blutungsfreien Phase zwischen zwei Regelblutungen

Frage: Wie lange dauert der Zeitraum zwischen zwei Perioden?

Antwort: Der Zeitraum zwischen zwei Perioden dauert mindestens 15 Tage[20], nach oben hin gibt es keine Beschränkung. So kann der Zeitraum zwischen zwei Perioden mehrere Monate oder gar Jahre dauern. Blutet eine Frau hingegen ohne Unterbrechung, so werden zehn Tage eines jeden Monats als Menstruation eingestuft, der Rest als *Istihadah*.[21]

Vom Erreichen der Geschlechtsreife

Frage: Woran merkt ein Mädchen, dass es die Geschlechtsreife erreicht hat?

Antwort: Wenn eine Blutung mindestens drei Tage und maximal zehn Tage andauert und darauf mindestens 15 Tage ohne Blutungen folgen, so hat ein Mädchen seine Geschlechtsreife erreicht.

20 Nach der hanbelitischen Rechtsschule dauert diese Phase mindestens 13 Tage (El-Muğnî, 1/310).

21 El-Fetawa'l-Hindıyye, 1/37; Tahtavî, S. 112.

Von der Festlegung der *Adeh* (Richtwert/ Vergleichswert) der Periode

Frage: Was bedeutet *Adeh*?

Antwort: *Adeh* bedeutet wörtlich Gewohnheit, Brauch. Auf die Blutungen einer Frau bezogen bezeichnet man mit *Adeh* den gewohnten Richt-, Vergleichs- oder Erfahrungswert, den eine Frau aufgrund vorangegangener Blutungen hat. Die *Adeh* betrifft sowohl die Dauer der Periode als auch den Termin ihres Eintritts. Beispiel: Die Periode einer Frau dauert für gewöhnlich sechs Tage, danach ist sie 22 Tage frei von Blutungen und dann setzt ihre Regel erneut ein. Ihr Richtwert für die Menstruationsdauer beträgt also sechs Tage und für die blutungsfreie Phase 22 Tage.

Frage: Wie wird der Richtwert für den Monatszyklus bestimmt?

Antwort: Der Monatszyklus einer Frau wird anhand der Dauer ihrer ersten Menstruation festgelegt. Wenn beispielsweise die erste Blutung einer Frau sechs Tage anhält und sie danach 24 Tage keine Blutungen hat, so beträgt ihr Monatszyklus 30 Tage.

Die Veränderung des Richtwerts (*Adeh*)

Frage: Wie ändert sich der Richtwert der Periode?

Antwort: Nach Imam Ebu Yusuf ändert sich die Periodendauer bereits bei einer einzigen Abweichung. Wenn beispielsweise eine Frau bisher üblicherweise sechs Tage lang die Regel hatte und im nächsten Monat die Blutungen sieben Tage dauern, liegt ihr neuer Richtwert bei sieben Tagen.[22]

Blutungen, die länger als zehn Tage dauern

Frage: Wie wird eine Blutung eingestuft, die länger als zehn Tage dauert?

Antwort: Dauert die allererste Blutung einer Frau länger als zehn Tage, so werden die ersten zehn Tage dieser Blutung als Regelblutung festgelegt und die restlichen Tage als abnorme Blutung eingestuft.

Wenn die Menstruation einer Frau, die bereits einen Richtwert für die Periode hat, länger als zehn Tage dauert, so werden die Tage ihrer gewohnten Regeldauer als Regelblutung und die restlichen Tage als abnorme Blutung angesehen. Beispiel: Bekommt eine Frau, deren Regel üblicherweise sieben Tage lang anhält, eine zwölftägige Blutung, so werden die ersten sieben Tage als Regeltage und die restlichen fünf Tage als abnorme Blutung betrachtet.[23]

---

22 Mecmau'l-Enhur, 1/55; Durru'l-Muhtar, 1/301. Nach Imam Ebu Hanifeh und Imam Muhammed ändert sich der Zyklus erst nach zwei Abweichungen; die *Fetwa* wird aber nach Ebu Yusuf ausgesprochen. Nach der schafi'itschen Rechtsschule ändert sich der Zyklus ebenfalls bereits mit einer einmaligen Abweichung.

23 Tahtawî, S. 112.

Blutungen, die über die gewohnte Frist hinausgehen

Frage: Wie handelt eine Frau, deren Periode länger als gewöhnlich dauert?

Antwort: Ein Beispiel: Die Periode einer Frau dauert normalerweise sechs Tage (*Adeh*). Diesmal dauert ihre Blutung aber länger. Wie muss sie sich verhalten?

Hierzu gibt es zwei unterschiedliche Ansichten:

Erste Ansicht: Sie wäscht sich nach Ablauf ihrer gewohnten Frist, verrichtet ihre Gebete und fastet im Monat Ramadan, denn bei der Blutung, die über die gewohnte Frist hinausgeht, könnte es sich auch um eine abnorme Blutung handeln. Sie darf aber, solange die Zehntagesfrist nicht abgelaufen ist, nicht mit ihrem Mann Geschlechtsverkehr haben, denn ihre Blutung könnte auch eine Regelblutung sein. Hört die Blutung innerhalb der Zehntagesfrist auf, so weiß sie, dass es sich um eine Regelblutung handelte und muss sich deshalb erneut waschen.

Zweite Ansicht: Die Frau wäscht sich nicht, sondern wartet das Ende der Blutung ab, denn bei ihrer Blutung könnte es sich um eine Regelblutung handeln. Hört die Blutung innerhalb der Zehntagesfrist auf, so hat sie dadurch die Bestätigung erhalten, dass es sich um eine Regelblutung handelte. Sie wäscht sich und verrichtet das Gebet. Dauert die Blutung aber länger als zehn

Tage an, so weiß sie, dass es sich um eine abnorme Blutung handelt und sie muss alle Gebete ab dem siebten Tag nachholen (*Qada'*).[24]

Blutungen, die vor der gewohnten Frist enden

Frage: Wie hat sich eine Frau zu verhalten, deren Blutung vor dem Ende ihrer üblichen Frist endet?

Antwort: Wenn Anzeichen[25] dafür vorhanden sind, dass ihre Periode zu Ende gegangen ist, dann wäscht sie sich, verrichtet ihre Gebete und fastet im Ramadan. Sie unterlässt jedoch sicherheitshalber den Beischlaf, bis ihre gewohnte Frist abgelaufen ist.[26]

Anmerkung zu den beiden eben genannten Punkten: Mancher Frau mag es unlogisch erscheinen, dass man beten und fasten soll, obwohl die gewohnte Frist noch nicht abgelaufen ist und deshalb die Möglichkeit besteht, dass die Blutung nochmals einsetzt und man dann eine *haram*-Handlung begangen hat, weil man während der Monatsblutungen gebetet oder gefastet hat. Hierbei findet ein Abwägungsprozess statt: Der Schaden, der dadurch entstehen würde, seine Gebete nicht zur rechten Zeit zu verrichten, obwohl man rein ist, ist ungleich höher, als der Schaden, der dadurch entsteht, dass man ein *haram* begangen hat, wenn man betet oder fastet und sich danach herausstellt,

---

24 Tahtawî, S. 112; Reddu'l-Muhtar, 1/301. Nach der schafi'itschen Rechtsschule wartet sie bis die Blutung aufhört und wäscht sich erst dann.

25 Wie zum Beispiel weißer durchsichtiger Ausfluss oder dass die austretende Flüssigkeit immer dünner und heller wird, bis sie schließlich zum Stillstand kommt. Sind keine Anzeichen für ein Ende der Periode vorhanden, dann wartet die Frau ihre gewohnte *Iddeh* ab.

26 Tahtawî, S. 117; El-Fetawa'l-Hindiyye, 1/39.

dass die Menstruationsphase noch andauerte. Um ihr Herz zu beruhigen, sollte die Frau, wenn sie während ihrer *Adeh* – in der Annahme, dass die Blutungen schon vorbei sind – gebetet und gefastet hat und dann doch noch einmal Blutungen auftraten, aufrichtig vor Allahﷻ bereuen (*Tewbeh*), denn ***„alsdann vergab Er euch; wahrlich Er ist der Allvergebende, der Barmherzige.“***[27] Andersherum ist der Verzicht auf ein paar Tage (erlaubten) Geschlechtsverkehr im Vergleich zu der Gefahr, ein Verbot Allahsﷻ zu überschreiten, hinnehmbar und mehr als angebracht, denn *„dass die Periode in der gewohnten Zeit nochmals zurückkehrt, passiert häufig.“*[28]

Blutungen, die vor dem gewohnten Zeitpunkt einsetzen

Frage: Wie handelt eine Frau, deren Blutung früher als gewohnt einsetzt?

Antwort: Mit dem Beginn der Blutung beendet sie ihre gottesdienstlichen Handlungen. Es könnte nämlich sein, das sich ihr Monatszyklus geändert hat.

Die *Muhayyarah*

Definition von *Muhayyarah*:

Eine *Muhayyarah* ist eine Frau, die die Länge ihrer gewohnten Frist oder den Zeitpunkt, zu dem ihre gewohnte Frist beginnt, oder beides, vergessen hat.

---

27 2. Sure: El-Baqarah, Vers 54.
28 Tahtawi, Band 1, Seite 210.

Sie wird entweder deswegen *Muhayyarah* genannt, weil sie selbst verwirrt ist oder weil sie den *Mufti* in Verwirrung geraten lässt.

Frage: Wie handelt eine Frau, die ihren Monatszyklus vergessen hat?

Antwort: Wenn eine Person krank ist oder privat oder beruflich überlastet, dann kann sie schnell etwas vergessen oder durcheinanderbringen. So kann es einer Frau, die sich nicht die Zeiten ihrer Periode notiert, schnell passieren, dass sie die gewohnte Frist oder den Zeitpunkt des üblichen Beginns ihrer Periode vergisst. Dies ist nicht so tragisch, wenn sie keine Dauerblutungen hat, denn dann kann sie erkennen, wann ihre Monatsblutungen einsetzen und berechnet dann ihre *Adeh* neu. Wenn die *Muhayyarah* aber **dauerhafte Blutungen** hat[29], dann steckt sie in ernsthaften Schwierigkeiten. Hierbei gibt es drei Möglichkeiten:

Fall 1: Eine Frau hat die Dauer ihrer gewohnten Periode vergessen, weiß aber noch, wann ihre Periode normalerweise eintritt.

Beispiel: Eine Frau weiß noch, dass sie jeden Monatsanfang ihre Blutungen bekommt. Sie weiß aber nicht mehr, wie viele Tage diese für gewöhnlich andauern. Wenn sie nun dauerhafte Blutungen hat, dann kann sie sich sicher sein, dass die Blutungen der ersten drei Tage nach dem üblichen Beginn ihrer Periode Monatsblutungen sind (da Monatsblutungen mindestens drei

---

29 Dass eine Frau Dauerblutungen hat oder Phasen längerer abnormer Blutungen, kommt relativ häufig vor, da (wie zu Anfang dieses Büchleins erwähnt) bei ca. 25 bis 30 Prozent aller Frauen im gebärfähigen Alter Myome auftreten und diese Myome oft zu länger anhaltenden Blutungen oder gar Dauerblutungen führen.

Tage dauern). Diese drei Tage braucht sie also nicht zu beten oder zu fasten. Danach führt sie sieben Tage lang für jedes Gebet den *Ghusl* neu aus. **Begründung:** Die maximale Dauer der Periode beträgt zehn Tage. In diesen sieben Tagen könnte sie also sowohl ihre Monatsblutungen, als auch abnorme Blutungen haben. In jeder der Gebetszeiten dieses Zeitraums könnten ihre Monatsblutungen geendet haben. Wenn sie aber rein geworden ist, dann muss sie erst den *Ghusl* durchführen, bevor sie beten darf.

Die restlichen 20 Tage des Monats verrichtet sie mit dem Beginn einer jeden Gebetszeit den *Wudu'*, weil sicher ist, dass die Blutungen dieser Tage nur *Istihadah* sein können.

Fall 2: Eine Frau weiß noch, wie lange ihre Periode dauert, aber sie erinnert sich nicht mehr daran, wann diese normalerweise einsetzt. Beispiel: Eine Frau weiß noch, dass ihre Periode für gewöhnlich drei Tage dauert. Aber sie weiß nicht mehr, ob diese am Anfang, in der Mitte oder am Ende des Monats beginnt.

Wenn eine Frau Dauerblutungen hat, dann kann sie sich nicht sicher sein, an welchen dieser Tage sie ihre Monatsblutungen hat und an welchen abnorme Blutungen. Deshalb verrichtet sie in den ersten drei Tagen des Monats für jedes Gebet frischen *Wudu'* (rituelle Teilkörperwaschung). **Begründung:** Hier besteht sowohl die Möglichkeit, dass sie ihre Monatsblutungen hat, als auch dass sie abnorme Blutungen hat. Es besteht nicht die Möglichkeit, dass ihre Monatsblutungen schon vorüber sein könnten, denn diese dauern ja mindestens drei Tage, deshalb muss sie hier nur den *Wudu'* ausführen. In den folgenden 27 Tagen des Monats muss sie für jede Gebetszeit den *Ghusl* (rituelle Ganzkörperwaschung) neu durchführen und darf erst danach beten. Begründung: In jeder einzelnen dieser Gebetszeiten könnten ihre Monatsblutungen zu Ende gegangen sein. Nach dem Ende der Monatsblutungen muss sie aber den *Ghusl* durchführen, damit das anschließende Gebet gültig ist. Also muss sie hier zu Beginn einer jeden Gebetszeit die Ganzkörperwaschung vollziehen.

Fall 3: Eine Frau erinnert sich weder an die Dauer ihrer Periode noch an den Zeitpunkt des Eintritts ihrer Periode.

Wenn eine Frau sich weder an die Dauer ihrer Periode noch an den Zeitpunkt des Eintritts ihrer Periode erinnern kann, dann gibt es drei Möglichkeiten: 1. Sie ist sich sicher, dass sie ihre Tage hat, dann betet und fastet sie nicht und schläft nicht mit ihrem Mann. 2. Sie ist sich sicher, dass sie rein ist, dann darf sie beten, fasten, geschlechtlich verkehren usw. 3. Sie ist sich unschlüssig darüber, ob sie rein ist oder nicht. Dann muss sie sich zu Beginn einer jeden Gebetszeit einem *Ghusl* unterziehen, weil sie ja in jeder Gebetszeit rein geworden sein könnte und deshalb zu jeder Gebetszeit den Pflicht-*Ghusl* vollziehen muss.

Hat eine Frau Dauerblutungen, so kommt für sie nur Fall 3 in Frage.

Eine Frau muss vorsichtig handeln, wenn sie die Dauer ihrer *Adeh* vergessen hat. Deshalb verrichtet sie in allen zweifelhaften Zeiten, in denen sie sich nicht sicher ist, ob sie rein ist oder Monatsblutungen hat (siehe oben) alle *Fard-*, *Wadschib-* und *Sunnetul Mu'ekkedeh*-Gebete. Sie darf jedoch keine *Nafileh*-Gebete[30] verrichten und nicht *nafileh* fasten. In den Gebeten rezitiert sie nur so viele Ayets aus dem Edlen Quran, wie unbedingt erforderlich sind[31]. Außerdem darf sie keine Moscheen oder Gebetsräume betreten und außerhalb des Gebetes weder im Edlen Quran lesen, noch diesen berühren. Hat sie Dauerblutungen und weiß weder wie lange ihre Periode für gewöhnlich dauert, noch zu welchem Zeitpunkt diese für gewöhnlich beginnt, so muss sie im Monat Ramadan durchgehend fasten. Setzten ihre Dauerblutungen schon vor Beginn des Ramadan und nachts ein, so muss sie nach Ende des Ramadan 20 Tage nachfasten (*Qada'*), sofern die Dauerblutungen weiterhin anhalten. Setzen ihre Dauerblutungen schon vor Beginn des Ramadan und tagsüber ein, so muss sie 22 Tage nachfasten, sofern die Dauerblutungen anhalten.

Begründung: Im Ramadan können höchstens elf Tage des Fastens durch die Monatsblutungen zunichte gemacht worden sein. Dauern die Dauerblutungen auch in der Zeit des Nachfastens an, so muss die doppelte Anzahl dieser Tage nachgefastet werden, da von den nachgefasteten Tagen wiederum maximal elf Tage die Tage der neuerlichen Monatsblutungen sein könnten. Die restlichen elf der 22 Tage sind mit Sicherheit frei von Monatsblutungen, sie machen also die verpassten Fastentage wieder wett.

---

30 *Nafileh* bedeutet hier freiwillige Gebete. Der Unterschied zwischen *Sunnetul Mu'ekkedeh* und *Nafileh* ist hier, dass die *Sunnetul Mu'ekkedeh*-Gebete als genauso stark wie *Fard*-Gebete angesehen werden.

31 In den *Fard*-Gebeten rezitiert sie also in den ersten beiden *Rek'ah* die El-Fatihah und eine kurze Sure, in den restlichen beiden *Rek'ah* nur die El-Fatihah, sonst macht sie alles wie gewohnt.

Wenn eine Frau nicht genau nachvollziehen kann, ob ihre Blutungen tagsüber oder nachts eingesetzt haben, so muss sie 20 Tage nachfasten.[32]

---

32 El-Fetawa'l-Hindiyye, 1/40; Tahtawî, S. 113 Nach der schafi'itschen Rechtsschule wird eine abnorme Blutung (*Istihadah*) in vier Gruppen unterteilt:

1) Eine junge Frau hat zum ersten Mal die Regel und ihre Blutung ist erst stark und wird dann schwächer. Beispiel: Das Blut ist in den ersten Tagen schwarz und nimmt danach eine rote Farbe an. Die starke (schwarze) Blutung wird als Periode und die schwache (rote) als abnorm angesehen, wenn:

(a) die starke Blutung mindestens einen Tag und eine Nacht dauert und

(b) die starke Blutung nicht länger als 15 Tage dauert und

(c) die schwache Blutung nicht weniger als 15 Tage dauert.

2) Für eine Frau, bei der einer der folgenden zwei Punkte erfüllt ist, wird ihre Periode mit einem Tag und einer Nacht festgelegt. Die Blutungen der übrigen Tage des Monats gelten als abnorm:

(a) Sie hat zum ersten Mal Blutungen und ihre Blutung weist durchgehend die gleiche Farbe auf oder

(b) Sie hat zum ersten Mal Blutungen und bei ihr trifft mindestens einer der Punkte 1a), 1b) oder 1c) nicht zu, also wenn entweder die starke Blutung weniger als einen Tag oder mehr als 15 Tage dauert oder die schwache Blutung weniger als 15 Tage dauert.

3) Eine Frau hatte zuvor schon Monatsblutungen und die Blutung ist erst stark und wird dann schwächer. Beispiel: Die ersten Tage weist ihre Blutung eine schwarze Farbe auf, danach eine rote. Die starke (schwarze) Blutung gilt als Menstruation, die schwache (rote) als abnorm, wenn:

a) die Blutung mindestens einen Tag und eine Nacht eine schwarze Färbung aufweist und

b) die starke Blutung höchstens 15 Tage dauert und

c) die schwache Blutung mindestens 15 Tage dauert.

4) Eine Frau die eine der beiden folgenden Voraussetzungen erfüllt:

a) Sie hatte bereits die Regel und ihre Regeldauer hat sich verändert. Ihre Blutung weist durchgehend die gleiche Farbe auf oder

b) Sie hatte bereits die Regel und ihre Regeldauer hat sich verändert. Bei ihr trifft aber einer der Punkte 3a), 3b) oder 3c) nicht zu. Das heißt dass die starke Blutung kürzer als einen Tag ist oder länger als 15 Tage dauert oder die schwache Blutung weniger als 15 Tage dauert.

Wenn nun der Punkt 4a) oder 4b) auf eine Frau zutrifft, dann hängt

Voraussetzungen, die erfüllt sein müssen, damit Blutungen als Monatsblutung gelten

Frage: Welche Voraussetzungen müssen erfüllt sein, damit Blutungen als Periode eingestuft werden?

Antwort: Die folgenden sechs Voraussetzungen müssen **alle gemeinsam** erfüllt sein, damit eine Blutung islamrechtlich als Periode eingestuft wird:

1) Die Frau muss zwischen neun und 55 Jahre alt sein.[33]

---

es davon ab, ob sie sich an die Dauer ihrer letzte Regel erinnern kann. Wenn sie sich daran erinnert, dann sind genauso viele Tage wie bei ihrer letzten Regel als ihre aktuelle Periode anzusehen, die übrigen Tage, an denen sie blutet, werden als Istihadah eingestuft. Hatte sie zum Beispiel im letzten Monat fünf Tage ihre Regel, dann ist dies in diesem Monat genauso. Die übrigen Tage sind Tage abnormer Blutungen.
Erinnert sie sich aber nicht an die Dauer ihrer Menstruation des letzten Monats, dann muss sie alle gottesdienstlichen Handlungen genauso ausführen, als ob sie rein wäre. Der Beischlaf ist ihr jedoch verboten. Für jedes Gebet muss sie den *Ghusl* durchführen. Im Ramadan muss sie durchgehend fasten und darüber hinaus nach dem Ramadan zusätzlich einen kompletten Monat durchgehend fasten. Somit hat sie in diesen zwei Monaten insgesamt 28 Tage gefastet, weil zwischen zwei Perioden mindestens 15 reine Tage liegen (hierbei wird angenommen, dass sie tagsüber ihre Blutung bekommen hat, deshalb können an maximal 16 Tagen des Monats Monatsblutungen aufgetreten sein; 14 Tage sind also „reine Tage"). Dadurch hat sie innerhalb der zwei Monate insgesamt 28 der 30 Pflichttage gefastet, sie muss also noch zwei Tage nachfasten. Dies macht sie folgendermaßen: Sie fastet drei Tage am Anfang eines Zeitraums von 18 Tagen und drei Tage an dessen Ende. Damit hat sie die zwei Tage nachgeholt (weil wieder maximal 16 Tage davon Tage der Blutung sein können, mindestens zwei Tage dieses 18-tägigen Zeitraums sind also „reine Tage") (Muğnî, 1/113).

33 Eine Blutung nach dem 55. Lebensjahr ist nur dann eine Menstruation, wenn sie eine schwarze oder dunkelrote Färbung aufweist und die sonstigen fünf Voraussetzungen erfüllt sind.

2) Das Blut muss aus dem Geschlechtsorgan nach außen treten.
3) Das Blut muss eine der oben erwähnten sechs Farben haben.
4) Die Blutung muss mindestens drei Tage und drei Nächte andauern.[34]
5) Die Frau darf nicht schwanger sein.35
6) Zwischen zwei Perioden müssen mindestens 15 Tage Abstand liegen.

Wenn eine der oben genannten Bedingungen nicht erfüllt ist, dann gilt die Blutung islamrechtlich nicht als Periode (*Hayd*) sondern als *Istihadah*.[36]

Verbotene Handlungen während der Periode

Frage: Welche Handlungen sind während der Periode verboten?

Antwort: Die folgenden acht Handlungen sind während der Periode verboten:

1) Das Gebet:

Eine Frau darf während ihrer Menstruation weder *Fard-*, *Wadschib-* oder *Sunneh-*Gebete, noch Rezitations- oder Dankesniederwerfungen verrichten. Als eine Frau unseren Propheten ﷺ über die Periode befragte, antwortete ihr dieser:

34 Nach der schafi'itschen Rechtsschule reicht dafür schon eine Blutung von einem Tag und einer Nacht aus.

35 Nach der schafi'itschen Rechtsschule kann auch eine Schwangere die Regel bekommen.

36 El-Fetawa'l-Hindiyye, 1/36; Tahtawî, S. 111.

„Lass das Beten sein, sobald deine Periode einsetzt. Wasche dich vom Blut rein (Ghusl) und verrichte das Gebet, sobald deine Periode endet.“[37]

Eine Frau muss die Gebete, die sie während ihrer Periode verpasst hat, nicht nachholen. Dieser Erlass wird im Islam als Erleichterung für die Frauen betrachtet.

2) Das Fasten:

Eine Frau in der Menstruation darf weder *fard, wadschib*[38] noch *sunneh* fasten. Die Fastentage des Monat Ramadan, an denen sie nicht fasten darf, muss sie nachholen.

Zu diesem Thema hat unsere ehrwürdige Mutter Aischa– möge Allah ﷻ mit ihr zufrieden sein – einer Frau namens Mu‘adheh – möge Allah ﷻ mit ihr barmherzig verfahren– Folgendes erzählt:

„Wir bekamen zu Lebzeiten des Gesandten ﷺ unsere Periode. Uns wurde, befohlen, das Fasten nachzuholen, uns wurde aber nicht befohlen, die Gebete nachzuholen.“[39]

Da nur während eines Monats im Jahr die Pflicht zum Fasten besteht, ist das Nachholen dieser Fastentage keine allzu große Erschwernis.

Wenn die Regel einsetzt während die Frau *fard* oder *nafileh* fastet, dann muss sie diesen abgebrochenen Fastentag ebenfalls nachholen. Dies gilt auch für das *Nafileh*-Fasten, denn sobald

---

37 Bukhari: Adeh (Hayd), 324.

38 *Wadschib* wird ein freiwilliges Fasten dann, wenn es abgebrochen wurde. Dann ist es Pflicht des Gläubigen, dieses Fasten nachzuholen.

39 Bukhari: Adeh (Hayd), 315; Ebu Dawud: Tahareh, 262.

man eine freiwillige gottesdienstliche Handlung (*Nafileh*) begonnen hat, wird diese zur Verpflichtung (*Wadschib*)[40]

3) Die Umkreisung der *Kaaba (Tawaf)*:

Eine Frau in der Menstruation darf zwar nicht die Kaaba umkreisen, aber sonst alle anderen Bestandteile der *Hadsch* (Pilgerfahrt) ausführen.

Der gesegnete Prophet ﷺ riet unserer geschätzten Mutter Aischa – möge Allah ﷻ mit ihr zufrieden sein – als sie während der Pilgerfahrt ihre Periode bekam:

> *„Mach alles, was der (normale) Pilger macht, nur (mit) dem Tawaf um das Haus (warte solange,) bis du (wieder) rein bist.“*[41]

Wenn die Regel einer Frau eintritt, bevor sie den *Tawafu Ziyareh*[42] durchführen konnte, so wartet sie solange damit, bis sie wieder „rein“ ist und umrundet erst dann die Kaaba. Sollte sie die Kaaba vor dem Abklingen ihrer Blutungen umkreisen, so ist dieser *Tawaf* zwar gültig, er ist aber *mekruh tahrimen*[43]. Als Strafe für dieses Vergehen muss sie ein Kamel oder ein Rind

---

40 Nach der schafi'itschen Rechtsschule muss sie diesen Tag nicht nachholen (*Qada'*).

41 Bukhari: Ada (Hayd), 299.

42 *Der Tawafu Ziyareh* ist die „Besuchsumkreisung“ und ein Pflichtbestandteil der *Hadsch*. Diesen vollzieht der Pilger, wenn er am Tag des Opferfestes wieder nach Mekka zurückgekehrt ist, oder in den drei Festtagen danach.

43 *mekruh tahrimen* bedeutet „verbotene Abscheulichkeit, Verwerflichkeit oder Widerwärtigkeit“. Nach der Definition der islamischen Rechtsgelehrten ist *mekruh tahrimen* eine verwerfliche Angelegenheit, die dem Verbot (*haram*) sehr nahe kommt. Die göttliche Bestrafung für die Ausführung einer Tat, die als *mekruh tahrimen* eingestuft wird, ist dieselbe wie für eine Tat, die als *haram* eingestuft wird.

opfern. Wenn sie jedoch nach ihrer Reinigung – vor dem Ende der Festtage – den *Tawaf* erneut durchführt, braucht sie kein Tier zu opfern.[44]

4) Die Quranrezitation:

Eine menstruierende Frau darf nicht aus dem Edlen Quran rezitieren. Dazu sagte der Gesegnete Prophet ﷺ Folgendes:

> *„Weder eine Frau die ihre Menstruation hat, noch eine Person die sich im Zustand der großen rituellen Unreinheit befindet (dschunub), darf etwas aus dem Quran rezitieren.*“[45]

Es ist einer menstruierenden Frau aber erlaubt, Quranverse, die die Bedeutung eines Bittgebetes (*Du'a'*) enthalten, zu rezitieren, wenn sie dies mit der Absicht eines Bittgebets macht. Eine Quranlehrerin darf während ihrer Periode unterrichten, wenn sie die einzelnen Wörter bei der Aussprache klar voneinander trennt.[46]

Bittgebetsverse dürfen aber ausschließlich mit der Absicht eines Bittgebets und nicht mit der Absicht des Quranvortrags rezitiert werden. Außerdem dürfen keine Quranverse, die nicht

---

44 Nach der schafi'itschen Rechtsschule wird solch ein *Tawaf* während der Regelblutung nicht anerkannt. Die Reinheit (*Tahareh*) ist eine Voraussetzung für die Gültigkeit des *Tawaf*.

45 Tirmidhi: Tahareh, 131.

46 El-Fetawa'l-Hindiyye, 1/38; Tahtawî, S. 114. Nach der malikitischen Rechtsschule darf eine Frau während der Regelblutung aus dem Gedächtnis rezitieren. Sie darf auch im Quran lesen, wenn sie diesen nicht berührt. Wenn die Blutung jedoch aufgehört hat, muss sie erst den *Ghusl* durchführen, bevor sie wieder im Edlen Quran lesen darf. (Cevheretü'l-Iklîl, 1/32)

die Bedeutung eines Bittgebets enthalten, mit der Absicht eines Bittgebetes rezitiert werden.[47]

5) Das Berühren des Edlen Quran:

Nicht nur die Quranrezitation, sondern auch das bloße Berühren des heiligen Buches ist in der Phase der Monatsblutungen verboten. Befindet sich der Edle Quran jedoch in seinem Futteral oder einer anderen Art von Hülle, so darf er berührt werden.[48] Dazu heißt es im Edlen Quran:

> ***„Keiner darf ihn (den Quran) berühren, außer den Reinen.“***[49]

Und der Prophetﷺ sagte dazu:

> *„Den Quran darf nur ein Reiner berühren.“*[50]

6) Das Betreten der Gebetsräume (*Mesdschid*):

Eine *Mesdschid* ist ein Raum, der allein für das Gebet reserviert ist. Personen, die sich im Zustand großer ritueller Unreinheit befinden, dürfen keine *Mesdschid* betreten; dies gilt

47 Nach der schafi'itschen Rechtsschule gibt es hierzu zwei Ansichten. Die eine besagt, dass eine menstruierende Frau den gesamten Quran mit der Absicht des *Dhikr* lesen darf (Muğnî, 1/73). Ein Gelehrter unserer Zeit, M. Muhyiddîn Havilî, beruft sich auf diese Ansicht und sagt, dass eine Quranlehrerin aus dem Edlen Quran vorlesen darf, wenn sie die Absicht hat, diesen zu lehren. (Risaletü'l-Esâs Fî Ahkâmi'l-Hayzi ve'n-Nifâs, S. 7)

48 Nach der schafi'itschen Rechtsschule darf der Quran auch dann nicht berührt werden.

49 56. Sure: El-Waqi'ah, Vers 79.

50 Binaye, 1/646. Nach der malikitischen Rechtsschule darf sowohl die Quranschülerin, als auch die Quranlehrerin den Quran berühren (Cevheretü'l-Iklîl, 1/32).

auch für Frauen in der Periode. Nur in Ausnahmesituationen, beispielsweise wenn sie sich bedroht fühlt oder vor starkem Regen Zuflucht sucht, darf eine menstruierende Frau eine *Mesdschid* betreten. Sie sollte aber aus Respekt vor dem Gebetsraum vorher einen *Teyemmum* (Ersatzwaschung) durchführen.

Dazu sagte der Gesegnete Prophetﷺ:

> *„Der (Aufenthalt) in einer Mesdschid ist weder einer Menstruierenden noch einer Person, die sich im Zustand der großen rituellen Unreinheit befindet (dschunub), erlaubt.“*[51]

7) Der Geschlechtsverkehr:

Der Geschlechtsverkehr mit seiner menstruierenden Frau ist einem Mann absolut verboten. Die Frau macht sich ebenfalls schuldig, wenn sie dieser Tat zustimmt. Solch eine Tat ist eine große Sünde und muss im Diesseits aufrichtig bereut werden (*Tewbeh*), damit sie im Jenseits nicht bestraft wird. Dazu heißt es im Edlen Quran:

> ***„So haltet euch von den Frauen während der Monatsblutung fern, und kommt ihnen nicht nahe, bis sie rein sind.“***[52]

Ebenso ist es dem Mann nicht erlaubt, seine menstruierende Frau zwischen Bauchnabel und Knien zu berühren, wenn dieser

51 Ebu Dawud: Tahareh, 232. Nach der schafi'itschen Rechtsschule darf eine Frau während der Regel den Gebetsraum durchqueren, wenn sie diesen dabei nicht verunreinigt.

52 2. Sure: El-Baqarah, Vers 222.

Bereich unbedeckt ist, auch dann nicht, wenn dies ohne Begierde geschieht.[53]

Der Gesandte Gottes ﷺ beantwortete die Frage eines seiner Gefährten, wie er denn mit seiner Frau während ihrer Periode verkehren könne, folgendermaßen:

> *„Der Bereich oberhalb ihres Bauchnabels steht dir zur freien Verfügung.“*[54]

Hält die Blutung länger als zehn Tage an, so ist der Geschlechtsverkehr nach Ablauf des 10. Tages auch ohne vorangegangenen *Ghusl* wieder erlaubt. Wenn die Blutung jedoch innerhalb der Zehntagesfrist endet, ist es nicht gestattet sofort mit der Frau zu verkehren, sondern sie muss zuerst den *Ghusl* vollziehen. Erst wenn sie eine komplette Gebetszeit verstreichen ließ ohne zu beten oder ein Gebet – selbst wenn dies nur ein *Nafileh*-Gebet war – aus berechtigten Gründen mit *Teyemmum* verrichtete, darf ihr Mann auch ohne dass sie zuvor den *Ghusl* durchgeführt hat, mit ihr geschlechtlich verkehren. Trotzdem ist es auch in diesem besonderen Fall *mustehabb*, dass sie zuerst den *Ghusl* vollzieht, bevor sie mit ihrem Mann ehelichen Verkehr hat.

Ebenfalls *mustehabb* ist es, dass der Mann ein Almosen als Kompensation gibt, wenn er mit seiner Frau während ihrer Periode den Geschlechtsakt vollzogen hat. Wenn sich dieser Vorfall in den ersten Tagen der Regel ereignete, so spendet er einen Dinar (4,25

---

53 Nach Imam Muhammed ist für den Mann nur die Vagina seiner Frau tabu. Die Berührung aller anderen Körperstellen ist ihm erlaubt (Reddu'l-Muhtar, 1/292).

54 Neylü'l-Ewtar, 1/277.

Gramm Gold), ereignete sich dies in den letzten Tagen der Periode, so spendet er einen halben Dinar.[55]

8) Die Scheidung: Die Scheidung von einer menstruierenden Frau ist nicht erlaubt, aber dennoch rechtsgültig. Solch ein Vorgang wird *Talaqul bid'ah* genannt.[56]

Körperliche und seelische Symptome, die während der Periode auftreten können

Frage: Mit welchen körperlichen oder seelischen Problemen kann eine Frau im Verlauf ihrer Periode konfrontiert werden?

Antwort: Während ihrer Periode kann eine Frau mit Übelkeit sowie Kopf- und Rückenschmerzen konfrontiert werden. Außerdem haben Frauen in der Menstruation oft starke Gefühlsschwankungen. Diese können zu Gereiztheit und Depressionen führen.

55 In einer anderen Aussage heißt es: Ist das Blut der Frau noch dunkel („schwarz"), so soll er einen ganzen Dinar spenden, ist das Blut der Frau schon hell („gelb"), so soll er einen halben Dinar spenden; Tahtawi, S. 208f. Nach der hanbelitischen Rechtsschule spielt der Zeitpunkt keine Rolle: Der Mann muss in beiden Fällen einen Dinar spenden.

56 Reddu'l-Muhtar, 291; Tahtawî, S. 113; El-Fetawa'l-Hindiyye, 1/38; El-Fikhu'l-Islâmî, 1/468.

Was während der Periode besonders zu beachten ist

Frage: Was muss eine Frau während ihrer Regel besonders beachten?

Antwort: Eine Frau, die ihre Tage hat, muss besonders darauf achten, ihren Körper und ihre Kleidung sauber zu halten. Sie sollte stressige Situationen meiden, auf ihre Ernährung achten und sich etwas Ruhe gönnen.

Binden und Einlagen während der Menstruation

Frage: Dürfen Binden und Einlagen verwendet werden?

Antwort: Die Verwendung von Binden oder Einlagen während der Menstruation ist *sunneh*, während der blutungsfreien Zeit *mustehabb*.[57]

Von der Entsorgung der Binden

Frage: Dürfen Binden und Einlagen in den Hausmüll geworfen werden?

Antwort: Ja, Binden dürfen – in einen Plastikbeutel verpackt – im Hausmüll entsorgt werden.

57 Menhelu'l-Waridîn, S. 84.

Kapitel II: *Nifas* (Wochenbett)

Die rechtliche Einstufung von *Nifas*:

Eine Frau, die im Wochenbett liegt, unterliegt den gleichen Einschränkungen wie eine Frau, die ihre Periode hat. Das heißt dass sie einerseits nicht zu beten und zu fasten braucht, andererseits aber auch auf Geschlechtsverkehr verzichten muss, die Kaaba nicht umrunden darf, die Restriktionen beim Umgang mit dem Edlen Quran beachten muss und keine Moschee betreten darf. (Vergleiche dazu auch die Definition von *Nifas* zu Beginn dieses Büchleins)

Vom Beginn des Wochenbetts

Frage: Ab welchem Zeitpunkt beginnt das Wochenbett genau?

Antwort: Das Wochenbett beginnt genau dann, wenn bei einer Entbindung der Körper des Kindes den Mutterleib zur Hälfte verlassen hat.[58] Solange also mehr als die Hälfte des Kindes im Mutterleib verbleibt, gelten Blutungen nicht als *Nifas*, sondern als krankheitsbedingte oder abnorme Blutungen (*Istihadah*). In diesem Zustand ist die werdende Mutter zur Verrichtung der Pflichtgebete verpflichtet. Sie muss, soweit dies möglich ist, das Gebet durch Andeutungen verrichten. Ist ihr dies nicht möglich, so muss sie die versäumten Gebete nachholen (*Qada'*).

58 Menhelu'l-Warîdîn, S. 72; Tahtawî, S. 112. Nach Imam Muhammed und Imam Schafi beginnt das Wochenbett erst, nachdem das Kind komplett den Mutterleib verlassen hat.

Von der Dauer des Wochenbetts

Frage: Wie lange dauert das Wochenbett?

Antwort: Die Mindestdauer des Wochenbetts ist nicht durch Quranverse oder prophetische Aussagen dargelegt worden. Deshalb gilt jede Blutung, die auftritt, nachdem das Kind den Mutterleib mindestens zur Hälfte verlassen hat, als *Nifas*, mag diese Blutung auch noch so kurz andauern. Die längste Dauer für das Wochenbett hingegen ist klar definiert und beträgt 40 Tage.[59] Blutungen, die über diese Frist hinausgehen, gelten als *Istihadah*. Der Beweis hierfür ist eine Überlieferung von Umm Selemeh – möge Allah ﷻ mit ihr zufrieden sein:

> *„Eine der Frauen des Propheten ﷺ verbrachte 40 Nächte im Wochenbett, ohne dass der Prophet ﷺ ihr befahl, das Gebet zu verrichten."*[60]

Darüber hinaus berichtet Enes Bin Malik – möge Allah ﷻ mit ihm zufrieden sein:

> *„Der Prophet ﷺ hat für die Wöchnerin eine Frist von 40 Tagen festgelegt, außer für diejenige, die schon früher ihre Reinheit bemerkt."*[61]

---

59 Nach der schafi'itschen Rechtsschule dauert das Wochenbett höchstens 60 Tage und durchschnittlich 40 Tage. (El-Fikhu ale'l-Mezahibi'l-Erbaâ, 1/122).

60 Ebu Dawud: Tahareh, 312.

61 Sunen Ibn Madscheh: Et-Tahareh we Suneniha, 649; Bedaiu's-Sanai', 1/41.

Phasen während des Wochenbetts, in denen die Frau keine Blutungen hat

Frage: Zählen blutungsfreie Phasen in der Zeit des Wochenbetts auch zu *Nifas*?

Antwort: Nach Imam Ebu Hanifeh gehören Phasen, in denen eine Frau frei von Blutungen ist, ebenfalls zum Wochenbett. Beispiel: Eine Frau hat die ersten zehn Tage ihres Wochenbetts durchgehend Blutungen. Danach setzen diese für fünf Tage aus und dann wieder für zehn Tage ein. Die gesamten 25 Tage werden als Wochenbett gewertet.[62]

Der Mindestabstand zwischen zwei Wochenbettphasen

Frage: Wie lange dauert der Zeitraum zwischen zwei Wochenbettphasen mindestens?

Antwort: Die wochenflussfreie Zeit zwischen zwei Wochenbetten dauert mindestens sechs Monate, weil auch die Mindestdauer einer Schwangerschaft sechs Monate beträgt.[63]

---

62 Nach Imam Ebu Yusuf und Imam Muhammed zählen Phasen ohne Blutungen nicht zum Wochenbett, wenn diese 15 Tage oder länger andauern. Blutungen vor diesem Zeitraum gelten als Wochenbettblutung, Blutungen danach als Menstruation. Die *Fetwa* wird hierbei nach Imam Ebu Hanifeh ausgesprochen (Reddu'l-Muhtar, 1/290).
Nach der schafi'itschen Rechtsschule werden Phasen, die 15 Tage oder länger blutungsfrei verlaufen, nicht zum Wochenbett gerechnet. Blutungen, die nach dieser Zeit auftreten, gelten als Menstruation.

63 Reddu'l-Muhtar, 1/285.

Von der Festlegung der Wochenbettdauer

Frage: Wie bestimmt man die Wochenbettdauer?

Antwort: Die Blutungen einer Frau müssen spätestens 40 Tage nach der Niederkunft enden und es muss darauf eine blutungsfreie Zeit von mindestens 15 Tagen folgen. Beispiel: Die Blutungen einer Frau enden 27 Tage nach der Geburt ihres Kindes. 20 Tage danach bekommt sie erneut Blutungen. Diese neuerlichen Blutungen gelten als Periode, die 27 Tage als ihre Wochenbettfrist. Diese Frist zieht sie bei der nächsten Entbindung als Vergleichswert (*Adeh*) heran.

Frage: Wie wird die Wochenbettzeit festgesetzt?

Antwort: Die Wochenbettzeit wird immer anhand der Dauer der letzten Entbindung festgesetzt. Beispiel: Nach ihrer ersten Entbindung lag eine Frau 20 Tage lang im Wochenbett, nach der nächsten 30 Tage lang. Die neue Wochenbettfrist beträgt also 30 Tage.[64]

Wochenbettblutungen, die länger als 40 Tage andauern

Frage: Wie verhält sich eine Frau richtig, deren Wochenfluss länger als 40 Tage dauert?

Antwort: Ist es ihre erste Geburt, so werden die ersten 40 Tage als *Nifas* und die darauffolgenden Tage als *Istihadah* betrachtet. Ist es ihre zweite Geburt, so wird die Anzahl der Wochenbetttage der vorangegangen Geburt als *Nifas* und die Tage im Anschluss daran als *Istihadah* eingestuft. Beispiel: Eine Frau lag bei

64 Durru'l-Munteka, 1/55.

ihrer ersten Geburt 30 Tage im Wochenbett. Bei ihrer zweiten Geburt dauerten die Blutungen 42 Tage lang. Die ersten 30 Tage gelten als Wochenbett und die anderen zwölf Tage als abnorme Blutungen. Für diese zwölf Tage müssen die verpassten Gebete und Fastentage des Monats Ramadan nachgeholt werden.[65]

Wochenbettblutungen, die länger als bei der vorangegangenen Geburt, aber weniger als 40 Tage andauern

Frage: Wie verhält sich eine Frau, deren Wochenblutungen länger als bei der vorangegangenen Geburt dauern, aber weniger als 40 Tage?

Antwort: Die Frau wartet solange mit dem Beten und Fasten, bis ihre Blutungen endgültig abgeklungen sind, erst dann fängt sie wieder mit dem Gottesdienst an. Beispiel: Die Wochenblutungen bei der Geburt einer Frau dauerten 17 Tage. Bei der darauffolgenden Geburt enden ihre Blutungen erst nach 38 Tagen. Sie unterlässt das Beten und Fasten während der 38 Tage und fängt erst danach wieder mit dem Gottesdienst an. Sie muss die verlängerte Wochenbettzeit von 21 Tagen nicht nachbeten und ihre neue *Adeh* beträgt 38 Tage.

Verkürzte Wochenbettzeit

Frage: Wie handelt eine Frau, wenn ihre Blutungen früher als bei der letzten Geburt enden?

Antwort: Sie wäscht sich, verrichtet ihre Gebete und sie fastet, wenn gerade Ramadan ist. Sie hält sich jedoch sicherheitshalber

65 Mecmau'l-Enhur, 1/55.

vom Beischlaf fern, solange die Wochenbettzeit ihrer letzten Entbindung (*Adeh*) noch nicht abgelaufen ist.[66] Begründung: Sollten doch noch einmal Blutungen innerhalb dieser Frist auftreten, so sind dies Wochenbettblutungen. In diesem Fall hätte sie also unerlaubten Geschlechtsverkehr mit ihrem Ehemann gehabt, wenn sie vor Ende ihrer *Adeh* mit ihm verkehrt hätte.

Das Wochenbett nach einer Fehlgeburt

Frage: Zählen Blutungen nach einer Fehlgeburt auch als *Nifas*?

Antwort: Waren bestimmte Organe, wie Hände und Füße des Kindes, bereits vollständig ausgebildet, so gelten Blutungen nach einer Totgeburt als *Nifas*. Waren die Organe des Kindes noch nicht vollständig ausgebildet, so gelten solche Blutungen nicht als *Nifas*, sondern entweder als *Hayd* oder als *Istihadah*: Dauern die Blutungen mindestens drei Tage lang an und sind mindestens 15 Tage seit der letzten Periode vergangen, so handelt es sich um *Hayd*. Ist dies nicht der Fall, so handelt es sich um *Istihadah*.[67]

Frage: Wie handelt die Frau richtig, wenn sie nicht weiß, ob die Organe des Kindes vollständig ausgebildet waren oder nicht?

Bekommt eine Frau nach einer Fehlgeburt Blutungen und weiß sie nicht, ob die Organe des fehlgeborenen Kindes voll ausgebildet waren, so gibt es zwei Möglichkeiten:

1. Fall: Wenn die Fehlgeburt auf den Beginn ihrer Periode fällt, so unterlässt sie das Beten so lange, wie üblicherweise

---

66 Tahtawî, S. 117; El-Fetawa'l-Hindiyye, 1/39.

67 El-Fetawa'l-Hindiyye, 1/37; Durru'l-Muhtar 1/299.

ihre Periode andauert. Denn in diesem Zeitraum kann es sich bei den Blutungen nur um *Hayd* oder *Nifas* handeln. In beiden Fällen darf sie nicht beten, fasten usw. Dauern die Blutungen über diese Frist hinaus an, wäscht sie sich und verrichtet für die Dauer, für die sie aus ihrer Erfahrung heraus weiß, dass sie dort normalerweise keine Blutungen hat, zur Sicherheit das Gebet und fastet im Monat Ramadan. Denn diese Tage sind entweder *Nifas* oder *Istihadah* (und wenn sie *Istihadah* sind, muss sie beten und fasten). Anschließend setzt sie wieder für die Dauer ihrer gewohnten Periode mit dem Beten und Fasten aus. Danach wäscht sie sich erneut und erfüllt ihre religiösen Pflichten. Nach diesem System fährt sie solange fort, bis 40 Tage vorüber sind. In diesen 40 Tagen darf sie weder mit ihrem Mann ehelichen Verkehr haben, noch eine Moschee betreten, nicht die Kaaba umrunden und muss die Einschränkungen bezüglich des Umgangs mit dem Edlen Quran beachten.

2. Fall: Sollte die Fehlgeburt außerhalb ihrer normalen Periode stattgefunden haben, dann betet sie bis zu dem Zeitpunkt, an dem sie ihre Periode erwartet, zur Sicherheit weiter. An den Tagen, an denen sie normalerweise ihre Periode hat, betet sie nicht, weil sie hier entweder ihre Periode hat oder sich im Wochenbett befindet. Nach diesem System fährt sie solange fort, bis 40 Tage vorüber sind. Auch hier muss sie die Einschränkungen von „Fall 1“ in Kauf nehmen.[68]

Eine Abtreibung wird in diesem Zusammenhang gleich einer Fehlgeburt behandelt.

In beiden Fällen muss die Frau in den Zeiten außerhalb ihrer gewohnten Periode für jede Gebetszeit neu den *Wudu'* ausführen (vgl. Kapitel *Istihadah*).

68 Durru'l-Muhtar, 1/140.

Geburt per Kaiserschnitt

Frage: Befindet sich eine Frau automatisch im Wochenbett, wenn sie per Kaiserschnitt entbindet?

Antwort: Nein. Sollte sie jedoch nach der Entbindung eine Blutung bekommen, dann gilt diese als *Nifas*, selbst wenn es sich nur um eine leichte Blutung handelt.[69]

Geburten ohne Wochenfluss

Frage: In seltenen Fällen tritt bei oder nach einer Entbindung gar keine Blutung auf. Befindet sich eine solche Frau trotzdem im Wochenbett?

Antwort: Nein.[70] Sollte sie diesen Tag fasten, so ist ihr Fasten nicht gebrochen, sie sollte aber nach der „trockenen" Geburt den *Ghusl* verrichten.[71]

Das Wochenbett bei Mehrlingsgeburten

Frage: Wann beginnt das Wochenbett bei Zwillings- oder Mehrlingsgeburten?

Antwort: Nach Imam Ebu Hanifeh und Imam Ebu Yusuf beginnt das Wochenbett nach der Geburt des ersten Kindes. Nach Imam

---

69 Tebyinu'l-Hakaik, 1/67.

70 Tebyinu'l-Hakaik, 1/68.

71 Nach Imam Ebu Hanifeh muss die Frau nach einer trockenen Geburt den *Ghusl* vollziehen, nach Imam Ebu Yusuf und Imam Muhammed reicht hier ein *Wudu'* aus. Die meisten Gelehrten ziehen die Meinung von Imam Ebu Hanifeh vor. Tahtawi, S. 202.

Muhammed beginnt es erst nach der Geburt des letzten Kindes.[72] Die kürzestmögliche Dauer einer Schwangerschaft beträgt sechs Monate. Deshalb werden zwei oder mehr Geburten, zwischen denen höchstens sechs Monate liegen, als eine zusammenhängende Mehrlingsgeburt betrachtet.[73] Sollten mehr als sechs Monate zwischen zwei Geburten liegen, dann werden diese Geburten als separate Einzelgeburten mit getrennten Wochenbettzeiten betrachtet.[74]

Verbote während des Wochenbetts

Frage: Welche Dinge sind während des Wochenbetts verboten?

Antwort: Alle während der Periode verbotenen Dinge sind auch während des Wochenbetts verboten.

72 Menhelu'l-Waridîn, S. 83. Nach der schafi'itischen Rechtsschule beginnt das Wochenbett ebenfalls mit dem letzten Kind. Die Blutung nach dem ersten Kind wird entweder als *Hayd* angesehen, wenn sie auf die Anfangszeit der Periode fällt, oder als *Istihadah*, wenn dies nicht der Fall ist.

73 Sollten die weiteren Kinder innerhalb der 40-Tage-Frist geboren werden und dabei Blutungen auftreten, so gilt als Höchstdauer der *Nifas* 40 Tage ab Geburt des ersten Kindes. Sollte die Geburt der weiteren Kinder zwischen dem 40. Tag und sechs Monaten nach der Geburt des ersten Kindes liegen, so gelten die Blutungen nach diesen Geburten nicht als *Nifas*, sondern als *Istihadah*.

74 Binaye, 1/701; El-Fetawa'l-Hindiyye, 1/37.

Unterschiede zwischen Periode und Wochenbett

Frage: Welche islamrechtlichen Unterschiede werden zwischen der Periode und dem Wochenbett gemacht?

Antwort: Es bestehen sechs Unterschiede zwischen der Periode und dem Wochenbett:

1) Mit der dritten Periode[75] nach einer Scheidung endet die *Iddeh*[76], mit dem Wochenbett nicht.

2) Wird ein *Keffareh*-Fasten[77] durch die Periode unterbrochen, so erfordert dies keine Wiederholung des Fastens; wird es durch den Eintritt von Wochenblutungen gebrochen, so muss das Sühnefasten wiederholt werden.

3) Scheidet sich ein Mann von seiner Frau, während diese ihre Tage hat, so ist dies ein *Talaqul bid'ah*[78], scheidet er sich von ihr in ihrer reinen Zeit, so ist es ein *Talaqu*

75 Vorausgesetzt, dass es sich dabei um einen *Talaqu sunni* handelt. Wurde die Scheidung während der Periode ausgesprochen (*Talaq al-bid'a*), so beginnt die *Iddeh* der Frau erst mit ihrer nächsten Monatsblutung (vgl. Fußnote 73 und 74).

76 Die *Iddeh* ist die Zeit, die eine Frau abwarten muss, bis eine vorläufige Scheidung (*Talaqu redsch'i*) rechtsgültig ist oder bis sie einen anderen Mann heiraten darf, nachdem ihr Mann eine endgültige Scheidung () ausgesprochen hat.

77 *Keffareh* ist eine Sühneleistung, die zu leisten ist, wenn ein Gelöbnis gebrochen wurde oder wenn bestimmte Verstößen gegen die Fastenregeln des Monats Ramadan begangen wurden. Hier ist mit *Keffareh* nur das 60-tägige Sühnefasten für einen Verstoß gegen die Fastenregeln im Monat Ramadan gemeint; hierbei lässt es sich nicht vermeiden, dass das Sühnefasten durch den Eintritt der Periode unterbrochen wird.

78 *Talaqul bid'ah* heißt wörtlich „sittenwidrige Scheidung" und erfolgt in diesem Fall durch das Aussprechen der Scheidungsformel während der Periode der Frau. Diese ist zwar rechtsgültig, aber *mekruh tahrimen*.

sunni[79]. Scheidet sich ein Mann von einer Wöchnerin, so ist dies immer ein *Talaqul bid'ah*[80]

4) Die Periode zählt zur Zeit der *Ila'*[81], das Wochenbett nicht.

5) Die Mindestdauer der Periode beträgt 72 Stunden, für das Wochenbett gibt es keine Mindestdauer.

6) Die Höchstdauer der Periode beträgt zehn Tage, die des Wochenbetts 40 Tage.[82]

Verhütung

Frage: Ist die Verhütung mittels Spirale oder Medikamenten erlaubt?

Antwort: Es bestehen keine islamrechtlichen Bedenken gegen eine Verhütung mittels Spirale oder Medikamenten (z. B. durch die Pille).[83]

---

79 *Talaqu sunni* ist die „traditionelle Art der Scheidung". Diese findet in der Zeit statt, in der die Frau keine Blutungen hat und ist frei von *mekruh*

80 Reddul Mukhtar, Band 4, S.424.

81 *Ila'* bedeutet „Schwur". Ein *Ila'* liegt entweder dann vor, wenn ein Mann schwört, nie mehr mit seiner Frau Geschlechtsverkehr zu haben, oder wenn er sein Gelöbnis, nie mehr mit seiner Frau zu schlafen, mit einer gewissen Sühneleistung verbindet, falls er diesen Schwur bricht.

82 Durru'l-Munteka, 1/55; El-Fetawa'l-Hindiyye, 1/39; El-Fikhul-Islâmî, 1/377.

83 D.I.Y.K., Standard, 71.

Verhütung durch Koitus interruptus (*Azl*)

Frage: Darf der Mann den Geschlechtsverkehr unterbrechen und außerhalb der Vagina ejakulieren?

Antwort: Wenn seine Frau damit einverstanden ist, so darf der Mann dies. Diesen Vorgang nennt man *Azl* („Trennung").[84] Auch eine Verhütung durch den Gebrauch von Kondomen gilt als *Azl*, da auch hier der Mann nicht in die Scheide seiner Frau ejakuliert; dies bedarf also ebenfalls der Zustimmung der Frau.

Sterilisation

Frage: Ist es einem Mann oder einer Frau erlaubt, sich sterilisieren zu lassen?

Antwort: Männer dürfen sich grundsätzlich nicht sterilisieren lassen. Die Sterilisation einer Frau ist islamrechtlich nur dann erlaubt, wenn dafür zwingende medizinische Gründe vorliegen.[85]

Abtreibung

Frage: Ist Abtreibung erlaubt?

Antwort: Es gibt einige wenige Gelehrte, die es ohne Einschränkungen erlauben, ein Kind vor dem vierten Schwangerschaftsmonat abzutreiben. Die große Mehrheit der islamischen Gelehrten lehnt dies aber ab. Eine Abtreibung nach dem vierten Schwangerschaftsmonat ist nach übereinstimmender Meinung aller Gelehrten verboten und wird von ihnen als Mord

84 Durer, 1/315; El-Ihtiyar, S. 463.

85 Günümüz Meselelerine Fetvalar, S. 105.

eingestuft. Nur wenn Leib und Leben einer Frau aufgrund ihrer Schwangerschaft in akuter Gefahr sind, darf ausnahmsweise auch nach dem vierten Schwangerschaftsmonat abgetrieben werden.[86]

Künstliche Befruchtung

Frage: Ist es erlaubt, eine Schwangerschaft durch eine künstliche Befruchtung einzuleiten?

Antwort: Dies ist erlaubt, wenn mindestens ein Ehepartner nicht imstande ist, auf natürlichem Wege Kinder zu zeugen. Darüber hinaus müssen sowohl das Sperma als auch die Eizelle von den Eheleuten selbst stammen.

Die Verwendung von Spermien oder Eizellen Dritter wird als Ehebruch betrachtet und ist verboten.[87]

86 Fetvalar, S. 53.
87 D.I.Y.K.; Standard, 80.

Kapitel III: *Istihadah* und *Udhr*[88]

Zur Bedeutung von *Istihadah*

Istihadah heißt wörtlich „fließen“. In der Fachsprache bezeichnet man damit eine krankheitsbedingte Blutung, die aus dem Geschlechtsorgan der Frau austritt und nicht durch die Periode oder das Wochenbett verursacht ist. *Istihadah* entstammt gewöhnlich Adern im Inneren des weiblichen Geschlechtsorgans.[89]

Eine Frau, die *Istihadah* hat, unterliegt nicht den gleichen Beschränkungen wie eine Frau mit *Hayd* oder *Nifas*, sondern sie gilt als rein. Das bedeutet dass sie den Edlen Quran lesen und berühren, Gebetsräume betreten, die Kaaba umrunden und mit ihrem Mann Geschlechtsverkehr haben darf. Wenn die Blutung stoppt, muss sie keinen *Ghusl* durchführen. In der Zeit, in der eine Frau *Istihadah* hat, wird sie *Mustehadah* genannt.[90]

Mehrere prophetische Überlieferungen belegen, dass *Istihadah* nur zu kleiner ritueller Unreinheit führt (*hadeth*) und nur das Erneuern des *Wudu'* erfordert. Von unserer ehrwürdigen Mutter Aischa– möge Allah ﷻ mit ihr zufrieden sein – wird dazu Folgendes überliefert:

---

88 *Udhr* bedeutet wörtlich Entschuldigungsgrund. Die Ursache dafür können Blutungen, Inkontinenz oder andere körperliche Beschwerden sein. Außerdem muss ein Leiden über eine komplette Gebetszeit hinweg anhalten, damit es *Udhr* genannt werden kann. Die Definition des Begriffs *Udhr* beinhaltet also die *Istihadah*, der Begriff *Istihadah* aber nicht den des *Udhr*.

89 Menhelu'l-Waridin, S. 74.

90 Tahtawî, S. 118.

„Fatima Bint Ebi Hubaysch fragte den Propheten ﷺ: „O Gesandter Allahs, ich werde nicht rein (das heißt meine Blutungen lassen sich nicht stoppen)! Soll ich dem Gebet fernbleiben?" Der Gesandte ﷺ antwortete ihr: „Wahrlich (dieses Blut ist) kein Menstruationsblut, (sondern es entstammt) einer Ader. Wenn du den gewohnten Zeitpunkt deiner Periode erreicht hast, so lass das Beten. Wenn die Frist deiner Periode abgelaufen ist, dann reinige dich vom Blut (Ghusl) und verrichte das Gebet."[91]

Darüber hinaus befahl der Prophet ﷺ Hamneh Bint Dschahsch zu fasten und zu beten, obwohl sie extrem starke abnorme Blutungen hatte[92].

Eine Frau mit *Istihadah* muss zu Beginn einer jeden neuen Gebetszeit erneut den *Wudu'* vollziehen, außerdem wäscht sie sich vor jedem *Wudu'* ihren Intimbereich. Um die Blutung zu stoppen oder zu vermindern, sollte sie Binden oder Einlagen benutzen.

Arten der *Istihadah*

Frage: Welche verschiedenen Arten der *Istihadah* gibt es?

Antwort: Es gibt sechs verschiedene Arten der *Istihadah*:

1) Blutungen vor dem 9. Lebensjahr.
2) Blutungen nach den Wechseljahren, wenn diese keine schwarze oder dunkelrote Färbung aufweisen.
3) Blutungen während einer Schwangerschaft.
4) Eine Periodenblutung, die weniger als drei Tage andauert.

---

91 Bukhari: Ada (Hayd), 300.

92 Vgl. Sunen et-Tirmidhi, 128.

5) Eine Perioden- oder Wochenbettblutung, die länger als zehn bzw. 40 Tage andauert.
6) Eine Perioden- oder Wochenbettblutung, die länger als die gewohnte Frist **und** länger als zehn bzw. 40 Tage lang andauert.[93]

Istihadah als *Udhr* (Entschuldigungsgrund)

Frage: Ist jede *Istihadah* gleichzeitig auch ein *Udhr*?

Antwort: Nein. Damit eine abnorme Blutung zum *Udhr* wird, wird vorausgesetzt, dass sie eine komplette Gebetszeit andauert – ohne dass darin eine Unterbrechung der Blutung vorkommt, die so lange anhält, dass es möglich wäre, den *Wudu'* zu vollziehen und das *Fard*-Gebet zu verrichten. Für die darauffolgenden Gebetszeiten wird dann aber nicht mehr vorausgesetzt, dass die Blutungen kontinuierlich fortdauern: Selbst wenn in den darauffolgenden Gebetszeiten die *Istihadah* jeweils nur einmal und nur ganz kurz auftritt, so reicht dies aus, damit der *Udhr*-Zustand bestehen bleibt. Der *Udhr*-Zustand endet erst dann, wenn über den gesamten Zeitraum einer Gebetszeit hinweg keine einzige abnorme Blutung mehr auftritt.[94]

---

93 Menhelu'l-Waridîn, S. 98.

94 Reddu'l-Muhtar, 1/305. Nach der schafi'itschen Rechtsschule endet die *Udhr*-Phase bereits dann, wenn die Blutung so lange unterbleibt, dass es möglich wird, den *Wudu'* und das Gebet ohne Blutungen zu verrichten.

Erläuterungen zu *Istihadah* und zur *Udhr*-Phase

Frage: Auf was ist während der *Istihadah* und im *Udhr*-Zustand besonders zu achten?

Antwort: Eine Frau mit abnormen Blutungen muss folgende Punkte beachten:

1) *Istihadah* ist kein Hinderungsgrund für Gebet, Fasten oder Beischlaf.
2) Eine Frau mit abnormen Blutungen muss nach Anbruch einer jeden Gebetszeit ihren *Wudu'* erneuern. Ihr *Wudu'* ist dann bis zum Ende dieser Gebetszeit gültig. Jede andere Handlung, die einen *Wudu'* ungültig macht, erfordert aber eine neuerliche rituelle Waschung. Nach Imam Ebu Hanifeh und Imam Muhammed wird der *Wudu'* einer Frau mit *Istihadah* nichtig, wenn das Ende der Gebetszeit erreicht ist. Nach Imam Ebu Yusuf wird der *Wudu'* nichtig, wenn die Gebetszeit zu Ende geht **oder** die nächste Gebetszeit anbricht. Der Unterschied hierbei besteht darin, dass nach Imam Ebu Hanifeh und Imam Muhammed eine Frau in der *Istihadah*, die für das *Duha*-Gebet[95] die rituelle Waschung durchgeführt hat, mit dieser auch das Mittagsgebet verrichten kann; nach Imam Ebu Yusuf darf sie das nicht.[96]

---

95 Das *Duha*-Gebet ist ein freiwilliges Gebet, das in den Vormittagsstunden verrichtet wird. Nach Imam Ebu Hanifeh und Imam Muhammed wird der *Wudu'* für dieses Gebet nicht durch den Eintritt in die Mittagsgebetszeit ungültig, da der Vormittag keine eigene Gebetszeit darstellt. Somit ist man durch den Eintritt in die Mittagsgebetszeit nicht aus einer anderen Gebetszeit ausgetreten.

96 Nach der schafi'itischen Rechtsschule darf eine Person mit *Udhr* grundsätzlich erst nach Eintritt der Gebetszeit den *Wudu'* für diese Gebetszeit verrichten. Außerdem muss sie direkt nach dem *Wudu'* das Gebet verrichten. Das Gebet darf nur aus besonderen Gründen

3) Eine Frau mit *Istihadah* darf mit ein und derselben rituellen Waschung innerhalb einer Gebetszeit beliebig viele Gebete verrichten, egal ob es sich um *Fard-, Nafileh-Qada'*- oder Totengebete handelt.[97]
4) Wenn die Dauerblutungen inmitten einer Gebetszeit auftreten, dann muss die Frau solange warten, bis nur noch gerade so viel Zeit von dieser Gebetszeit übrigbleibt, um den *Wudu'* und das *Fard*-Gebet zu verrichten. Erst, dann vollzieht sie den *Wudu'* und verrichtet ihr *Fard*-Gebet. Sollte ihre Blutung innerhalb der folgenden Gebetszeit enden oder Unterbrechungen aufweisen, die es erlauben, die rituelle Gebetswaschung auszuführen und das *Fard*-Gebet zu verrichten, so muss sie das vorangegangene Gebet nochmals verrichten, da ihre Blutungen nicht für die Dauer einer kompletten Gebetszeit angedauert haben und deshalb nicht als *Udhr*-Blutungen galten.
5) Wenn eine Frau, die wegen *Istihadah* im *Udhr*-Zustand ist, ihre rituelle Waschung durchgeführt hat und danach an einer anderen Stelle zu bluten beginnt (weil sie z.B. Nasenbluten bekommt), wird ihr *Wudu'* dadurch ungültig und sie muss ihre rituelle Waschung erneuern.
6) Tritt die Blutung nur auf, wenn sich eine Frau im Gebet niederwirft, so wird das Gebet ohne die Gebetsniederwerfung verrichtet. Diese wird dann nur angedeutet. Tritt die Blutung nur im Stehen auf, so wird das Gebet im Sitzen verrichtet. Begründung: Der Verzicht auf das Stehen oder die Niederwerfung im Gebet ist einer Verrichtung des Gebets ohne rituelle Reinheit vorzuziehen.

---

hinausgezögert werden, wie zum Beispiel für die Dauer des Ankleidens oder des Wartens auf die *Dschema'ah* (Gemeinde).

97 Nach der schafi'itschen Rechtsschule muss eine Person mit *Udhr* für Gebete, die sie nachholt oder für die sie ein Gelübde abgelegt hat, einen frischen *Wudu'* durchführen. Für ein Totengebet muss sie dies jedoch nicht.

Lässt sich eine Blutung aber nur stoppen, wenn eine Frau sich hinlegt, so verrichtet sie das Gebet stehend.

7) Wird Kleidung oder Unterwäsche einer Frau während einer *Udhr*-Blutung durch Blut oder Eiter verschmutzt, so ist dies solange kein Hindernis für das Gebet, solange diese Blutung kontinuierlich andauert. Verrichtet eine Frau jedoch ein Gebet im *Udhr*-Zustand, ohne dabei zu bluten, so muss sie ihre Kleidung reinigen, bevor sie mit diesem Gebet beginnt.[98]

8) Wenn eine Frau im *Udhr*-Zustand den *Wudu'* vollzieht und danach ihre *Khuff*[99] anzieht, dann kann sie diese die gesamte Gebetszeit über anbehalten und bei jedem *Wudu'*, den sie in dieser Gebetszeit durchführt, überstreichen. In der darauffolgenden Gebetszeit müssen die Ledersocken aber vor dem *Wudu'* erneut ausgezogen werden.[100] Wurden die Ledersocken hingegen bereits vor Eintritt der *Udhr*-Blutung angezogen, dann können diese –innerhalb der normalen Frist – weiterhin überstrichen werden.

98 Nach der schafi'itschen Rechtsschule muss die Kleidung vor jedem *Wudu'* von Verunreinigungen gesäubert werden.

99 Mit Kh*uff* werden Schuhe aus dünnem Leder oder dickem, wasserundurchlässigem Filz bezeichnet. Diese werden im Folgenden mit „Ledersocken" bezeichnet. Zieht man diese nach der Verrichtung einer rituellen Gebetswaschung an, so reicht es aus, dass ein Ansässiger (*Muqim*) diese bei jedem neuen *Wudu'* den er innerhalb von 24 Stunden verrichtet, überstreicht, ohne sich extra die Füße waschen zu müssen. Ein Reisender darf dies sogar 72 Stunden lang. Dies gilt nur, wenn man sich nicht im *Udhr*-Zustand befindet (siehe oben).

100 Nach Imam Zufer gilt auch im *Udhr*-Zustand die normale Frist für das Überstreichen der Ledersocken.

Kapitel IV: Fragen und Antworten

Fragen zur Monatsblutung (*Hayd*)

Frage 1: Welcher Zeitpunkt gilt als Beginn der Periode, wenn eine Frau in ihrer Binde Blutspuren entdeckt hat, aber nicht genau weiß, wann die Blutung eingesetzt hat?

Antwort: In diesem Fall gilt der Zeitpunkt des Einlegens der sauberen Binde als Beginn der Monatsblutung.[101]

Frage 2: Welcher Zeitpunkt gilt als Ende der Periode, wenn eine Frau in ihrer Binde keine Blutspuren mehr vorfindet?

Antwort: Hier gilt ebenfalls der Zeitpunkt, zu dem sie die saubere Binde eingelegt hat, als Ende der Monatsblutung.[102]

Frage 3: Hat die Periode bereits eingesetzt, wenn die Blutung einer Frau eine der sechs zuvor genannten Farben aufweist?

Antwort: Ja, damit hat ihre Periode eingesetzt.[103]

---

101 El-Fetawa'l-Hindiyye, 1/36.

102 El-Fetawa'l-Hindiyye, 1/36.

103 Menhelu'l-Waridin, S. 84. Nach Imam Ebu Yusuf zeigt graugefärbtes Blut nicht den Eintritt der Regel an.

Frage 4: Wie verhält sich eine Frau richtig, bei der eine Flüssigkeit ausgetreten ist, die im frischen Zustand weiß ist, beim Trocknen aber gelb wird, oder im frischen Zustand gelb ist, beim Trocknen aber weiß wird?

Antwort: Die Farbe des getrockneten Blutes spielt keine Rolle, man beurteilt Blut stets nach dessen Farbe im frischen Zustand.[104]

Frage 5: Wie verhält sich eine Frau richtig, wenn sie beim Erwachen aus dem Schlaf feststellt, dass ihre Regelblutung bereits eingesetzt hat?

Antwort: Sie setzt voraus, dass ihre Periode mit dem Zeitpunkt ihres Erwachens begonnen hat.[105]

Frage 6: Wie verhält sich eine Frau richtig, wenn sie beim Erwachen feststellt, dass ihre Menstruation zu Ende ist?

Antwort: Sicherheitshalber nimmt sie an, dass ihre Periode bereits mit dem Zeitpunkt des Schlafengehens geendet hat.

Beispiel: Eine Frau legt sich schlafen, nachdem die Zeit des Nachtgebets (*Ischa'*) bereits begonnen hat. Erwacht sie wieder, bevor die Zeit des Nachtgebets abgelaufen ist, und stellt fest, dass ihre Periode zu Ende ist, so muss sie das Nachtgebet noch in der Zeit verrichten. Erwacht sie erst, nachdem die Zeit des Nachtgebets schon abgelaufen ist, so muss sie dieses Gebet nachholen (*Qada'*).[106]

---

104 El-Fetawa'l-Hindiyye, 1/36.
105 Reddu'l-Muhtar, 1/291.
106 Reddu'l-Muhtar, 1/291.

Frage 7: Was ist nach dem Ende der Periode erlaubt – ohne dass die Frau zuvor den *Ghusl* vollzogen hat – das während der Menstruation verboten ist?

Antwort: Folgendes ist – auch ohne *Ghusl* der Frau – wieder erlaubt:

1) Fasten.
2) Die Scheidung, wenn die Blutung die Zehntagesfrist überschritten hat.
3) Der Beischlaf, wenn die Blutung die Zehntagesfrist überschritten hat.
4) Der Beischlaf, wenn die Blutung innerhalb der Zehntagesfrist endete und zusätzlich eine Gebetszeit verstrichen ist.[107]

Frage 8: Ab welchem Alter betrachtet man ein Mädchen spätestens als geschlechtsreif, obwohl sie noch keine Monatsblutungen hatte?

Antwort: Mit Vollendung des 15. Lebensjahres gilt ein Mädchen als geschlechtsreif, selbst wenn ihre Menarche[108] noch nicht eingetreten ist.[109]

---

107 Nach der schafi'itischen Rechtsschule darf der Geschlechtsakt nur nach vorangegangenem *Ghusl* der Frau vollzogen werden, auch wenn ihre Blutung länger als zehn Tage andauert.

108 Dies ist der Zeitpunkt der ersten Regelblutung.

109 Dies ist die Ansicht von Imam Ebu Yusuf und Imam Muhammed. Nach Imam Ebu Hanifeh gilt ein Mädchen, das noch keine Menstruation hatte, mit Vollendung des 17. Lebensjahres als geschlechtsreif.
Nach der schafi'itschen Rechtsschule gilt sie mit Vollendung des 15. Lebensjahr als geschlechtsreif.

Frage 9: Zählt die Menstruation zu den großen rituellen Unreinheiten (*dschunub*)?

Antwort: Nein, aber islamrechtlich behandelt man sie wie eine. Das heißt dass sich eine menstruierende Frau von allen Handlungen fernhalten muss, von denen sich eine Person im Zustand großer ritueller Unreinheit fernhalten muss.

Frage 10: Wie lange dauert eine durchschnittliche Periode?

Antwort: Fünf Tage.[110]

Frage 11: Wie nennt man eine Frau während der Zeit ihrer Monatsblutung?

Antwort: Sie wird *Ha'id* oder *Ha'ideh* genannt.[111]

Frage 12: Darf sich eine Frau während der Periode die Haare färben?

Antwort: Ja, mit natürlichen Farben wie Henna schon. Denn mit dem Färben der Haare mit Henna geht keine Versiegelung der Haare und der Kopfhaut einher.[112]

---

110 Tahtawî, S. 111; El-Fikhu'l-Islâmî, 1/459. Nach der schafi'itschen Rechtsschule dauert die Periode durchschnittlich sechs bis sieben Tage.

111 Menhelu'l-Waridîn, S. 73.

112 Bei chemischen Farben muss man vorsichtig sein und sich erkundigen, ob eine Versiegelung der Haare und der Kopfhaut stattfindet, wenn man sich damit die Haare färbt. Ist dies der Fall, so ist es nicht erlaubt, sich mit solchen Farben die Haare zu färben, da dann die rituelle Ganzkörperwaschung keine Gültigkeit hat, weil bei dieser auch die Haare gewaschen werden müssen.

Frage 13: Was wiegt schwerer? Die Periode oder eine kleine rituelle Unreinheit (*hadeth*)?

Antwort: Die Periode wiegt schwerer.[113]

Frage 14: Bezeichnet man die Blutung eines Mädchens, das jünger als neun Jahre alt ist, als Menstruation?

Antwort: Nach der vorgezogenen Meinung der Gelehrten ist solch eine Blutung keine Periode, sondern eine abnorme Blutung.[114]

Frage 15: Ist eine Blutung, die nach dem 55. Lebensjahr eintritt, als Periode einzustufen?

Antwort: Wenn das Blut eine schwarze oder dunkelrote Färbung aufweist und den anderen Voraussetzungen für das Vorliegen einer Monatsblutung genügt, wird sie als Periode eingestuft, sonst als *Istihadah.*[115]

Frage 16: Gilt eine Frau, die bemerkt, dass ihre Monatsblutung in ihrem Inneren bereits im Gange ist, das Blut aber durch einen Tampon am Austritt aus der Scheide gehindert wird, als menstruierend oder nicht?

Antwort: Nach Imam Ebu Hanifeh und Imam Ebu Yusuf gilt sie als menstruierend, nach Imam Muhammed nicht.[116]

113 El-Fikhu'l-Islâmî, 1/476.

114 Menhelu'l-Waridîn, S. 73.

115 Menhelu'l-Waridîn, S. 35.

116 Reddu'l-Muhtar, 1/284. Nach der schafi'itschen Rechtsschule gilt die Frau als menstruierend.

Frage 17: Wie hat sich eine junge Frau zu verhalten, die zum ersten Mal Blutungen hat? Soll sie solange weiterbeten bis die Dreitagesfrist abgelaufen und sie sicher ist, dass es sich um ihre Menarche handelt, oder soll sie abwarten und nicht beten?

Antwort: Nach der gängigen (*sahih*) Meinung stellt sie das Beten mit Beginn der Blutungen ein.[117]

Frage 18: Wie viel Zeit muss mindestens seit dem Ende der letzten Monatsblutung vergangen sein, damit es sich bei einer neuerlich auftretenden Blutung abermals um eine Menstruation handelt?

Antwort: Der Zeitraum zwischen zwei Monatsblutungen beträgt mindestens 15 Tage.

Frage 19: Sind die religiösen Einschränkungen, die für die Dauer der Monatsblutungen gelten, aufgehoben, wenn die Blutung frühzeitig durch Medikamente oder Ähnliches gestoppt wird?

Antwort: Nein, in diesem Fall wird die übliche Dauer (*Adeh*) der vorangegangenen Monatsblutungen als Vergleichswert herangezogen.[118]

---

117 Reddu'l-Muhtar, 1/284.

118 Menhelu'l-Waridîn, S. 81.

Frage 20: Muss eine Frau, bei der die Blutung früher als gewohnt einsetzt, sofort mit dem Einsetzen dieser Blutung das Beten unterlassen?

Antwort: Ja, denn in diesem Fall könnte sich ihr Zyklus geändert haben.[119]

Frage 21: Ab wann gilt die Blutung eines Mädchens frühestens als Menstruation (Menarche)?

Antwort: Nach der gängigen (*sahih*) Meinung setzt die Periode frühestens nach Vollendung des 9. Lebensjahres ein.[120]

Frage 22: Gibt es eine festgesetzte Altersgrenze für die Menopause[121] einer Frau?

Antwort: Nein, normalerweise enden die Monatsblutungen einer Frau ungefähr im 55. Lebensjahr. Sie können aber auch schon früher enden oder noch länger andauern.

Frage 23: In welchem Zusammenhang wird der Begriff *Hayd* verwendet?

Antwort: Mit *Hayd* bezeichnet man sowohl die Blutung selbst als auch den Zeitraum, in dem die Blutung stattfindet.

---

119 Menhelu'l-Waridîn, S. 111.

120 Man beachte dabei, dass die Lebensjahre nach dem Mondkalender berechnet werden.

121 Die Menopause ist die letzte Monatsblutung, die eine Frau in ihrem Leben hat.

Frage 24: Wie ändert sich der Menstruationszyklus?

Antwort: Nach Imam Ebu Hanifeh und Imam Muhammed ändert sich der Zyklus erst, nachdem die Blutungen zweimal hintereinander vom gewohnten Zeitpunkt des Eintritts der Periode abweichen. Nach Imam Ebu Yusuf ändert sich der Zyklus bereits, wenn die Blutungen einmal von der gewohnten Zeit abweichen.

Frage 25: Wird der Zeitraum, der für die rituelle Ganzkörperwaschung (*Ghusl*) nach Beendigung der Blutungen aufgewendet wird, ebenfalls zur Periode gezählt?

Antwort: Wenn die Blutung innerhalb der Zehntagesfrist endet, so wird der *Ghusl* zur Periode gezählt. Dauert die Blutung länger als zehn Tage an, so zählt der *Ghusl* nicht mehr zur Periode.

Frage 26: Wird vorausgesetzt, dass eine weiße Flüssigkeit aus der Vagina austreten muss, damit das Ende der Periode erreicht ist?

Antwort: Nein, dies ist zwar häufig ein Anzeichen, aber keine Bedingung für das Ende der Periode.

Frage 27: Können zwei Monatsblutungen direkt aufeinanderfolgen?

Antwort: Nein, zwischen zwei Perioden müssen mindestens 15 Tage vergehen.

Frage 28: Ab welchem Zeitpunkt muss sich eine menstruierende Frau an die religiösen Einschränkungen halten?

Antwort: Mit dem Einsetzen der Blutung werden auch alle diesbezüglichen Beschränkungen verbindlich.

Frage 29: Darf das Fleisch eines Tieres gegessen werden, das eine menstruierende Frau geschlachtet hat?

Antwort: Ja, dieses Fleisch darf gegessen werden.

Frage 30: Gelten Blutungen, die weniger als drei Tage und drei Nächte dauern auch dann nicht als Menstruation, wenn sich diese bei einer Frau regelmäßig – Monat für Monat – wiederholen?

Antwort: Nein, auch dann gelten diese nicht als *Hayd*, sondern als *Istihadah.*[122]

Frage 31: Muss eine Frau eine rituelle Ganzkörperwaschung (*Ghusl*) durchführen, wenn ihre Periode einsetzt, während sie *dschunub* ist, oder wenn sie während der Periode *dschunub* wird, weil sie ejakuliert hat?

Antwort: Nein, dann muss sie keinen *Ghusl* durchführen.

122 Nach der schafi'itischen Rechtsschule ist dies genauso. El-Muğnî, 1/109.

Frage 32: Darf eine Frau während ihrer Periode einen Friedhof besuchen?

Antwort: Ja, hiergegen gibt es keine islamrechtlichen Einwände.[123]

Frage 33: Darf eine Frau während ihrer Periode bei einem Verstorbenen die Totenwäsche durchführen?

Antwort: Dies ist zwar nicht verboten, gilt aber als *mekruh tenzihen.*[124]

Frage 34: Darf eine menstruierende Frau bei einem Totengebet zugegen sein?

Antwort: Ja, dies ist unbedenklich.[125]

---

123 Durru'l-Muhtar, 1/293; El-Fetawa'l-Hindiyye, 1/38.

124 *mekruh tenzihen* bedeutet, „sich von einer Verwerflichkeit, Abscheulichkeit fernhalten". Wird eine Tat als *mekruh tenzihen* eingestuft, so bedeutet dies, dass diese Tat zwar nicht gern gesehen ist aber vom Gesetzgeber (Allahﷻ) geduldet wird. So wird man vom Erhabenen Allah für solch eine Tat weder bestraft noch getadelt. Trotzdem ist es besser, *mekruh tenzihen* zu meiden, denn einerseits handelt man sonst entgegen dem Näherliegenden und Vorzüglicheren, und andererseits verliert man die Scheu (*Wer'a)* davor, sich von den Verboten des Erhabenen Allahﷻ fernzuhalten.

125 Reddu'l-Muhtar, 1/291. Sie darf zwar bei einem Totengebet zugegen sein, nicht aber daran teilnehmen.

Frage 35: Kann ein *Khunthal muschkil*[126] auch Monatsblutungen bekommen?

Antwort: Nein, dies ist nicht möglich. Eventuell auftretende Blutungen gelten als *Istihadah*.[127]

Frage 36: Was bedeutet „*Nisab*"?

Antwort: Auf die Menstruation bezogen, bezeichnet man mit *Nisab* den Grenzwert für die kürzestmögliche Dauer einer Periode, also 72 Stunden.

Frage 37: Darf sich eine Frau während ihrer Periode eine Zahnfüllung oder Krone einsetzen lassen?

Antwort: Sie darf dies nur, wenn dies aus medizinischen Gründen notwendig ist. Eine Zahnfüllung wird dann islamrechtlich als Wundverband eingestuft.[128]

Frage 38: Darf sich eine Frau nach Beendigung ihrer Periode eine Zahnfüllung oder Krone einsetzen lassen, obwohl sie noch keinen *Ghusl* vollzogen hat?

Antwort: Wenn sie sich vorher den Mund auswäscht, ist dies erlaubt.

---

126 Mit *Khunthal muschkil* bezeichnet man eine Person, die männliche und weibliche Geschlechtsorgane hat und bei der nicht eindeutig festzustellen ist, welchem Geschlecht sie zugehört.

127 Menhelu'l-Waridîn, S. 73.

128 Nach der schafi'itischen Rechtsschule ist das Auswaschen des Mundes beim *Ghusl* keine Pflicht. Deshalb ist es nach dieser Rechtsschule jederzeit erlaubt, sich eine Zahnfüllung oder Krone einsetzen zu lassen.

Frage 39: Ist es erlaubt, dass sich eine Frau während ihrer Periode die Haare oder die Nägel schneidet?

Antwort: Ja. Es ist aber *mekruh tenzihen*, wenn sie dies nach dem Ende ihrer Periode und noch bevor sie den *Ghusl* vollzogen hat, tut.

Frage 40: Ist es verpönt (*mekruh*), dass eine menstruierende Frau Essen zubereitet oder ähnliche Tätigkeiten ausführt?

Antwort: Nein, dies ist in keinster Weise verpönt.

Frage 41: Darf eine menstruierende Frau mit ihrem Ehemann im selben Bett schlafen?

Antwort: Ja. Im Gegenteil darf der Ehemann seiner Frau wegen ihrer Menstruation nicht den Zugang zum gemeinsamen Ehebett verwehren.

Frage 42: Darf eine Frau während ihrer Menstruation ihr Kind stillen?

Antwort: Ja, natürlich.

Frage 43: Woher stammt das Menstruationsblut?

Antwort: Dieses Blut entsteht in der Gebärmutter.[129]

---

129 Menhelu'l-Waridîn, S. 36.

Frage 44: Welche Tage gelten als Monatsblutung und welche als abnorme Blutung (*Istihadah*), wenn die Blutung länger als zehn Tage andauert?

Antwort: Der Zeitraum der vorangegangenen Periode wird als Vergleichszeitraum für die Dauer der aktuellen Menstruation herangezogen, die restlichen Tage gelten als *Istihadah*.[130]

Frage 45: Ist es erlaubt, dass eine Frau während ihrer Periode Bittgebete (*Du'a'*) oder *Tesbih* spricht oder *Dhikr* macht?

Antwort: Ja, dagegen bestehen keine Einwände.[131]

Frage 46: Wie handelt eine Frau richtig, die das Gelöbnis abgelegt hat, an einem bestimmten Tag zu fasten oder freiwillige Gebete zu verrichten, wenn sie an diesem Tag ihre Regel bekommt?

Antwort: Sie muss die Erfüllung ihres Gelöbnisses auf einen anderen Tag verschieben.[132]

Frage 47: Kann eine Periode direkt nach dem Ende des Wochenbetts einsetzen?

Antwort: Nein, zwischen dem Ende des Wochenbetts und dem Beginn der Monatsblutungen müssen mindestens 15 Tage vergehen.

---

130 El-Fetawa'l-Hindiyye, 1/37.

131 Durru'l-Muhtar, 1/293; Menhelu'l-Waridîn, S. 112.

132 Menhelu'l-Waridîn, S. 111.

Frage 48: Wieso wird die Menstruation als *sahih* (echt) und die *Istihadah* als *fasid* (unecht) bezeichnet?

Antwort: Die Menstruation wird als *sahih* bezeichnet, weil bei ihr alle oben genannten religiösen Einschränkungen gelten. Die abnorme Blutung wird als *fasid* bezeichnet, weil bei ihr diese Einschränkungen nicht gelten.

Frage 49: Nach Imam Ebu Yusuf ändert sich der Richtwert für die Periode (*Adeh*) schon nach einer einmaligen Abweichung von der gewohnten Dauer. Ist es hierbei von Belang, ob die neue Periode früher oder später als die vorangegangene endet?

Antwort: Nein, dies spielt keine Rolle.

Frage 50: Wenn eine Frau, deren Periode normalerweise sechs Tage dauert, am siebten Tag immer noch blutet, dann hat sie die Wahl: Entweder sie wäscht sich und betet oder sie wartet ab, bis die Blutung endgültig zum Stillstand gekommen ist und fängt erst danach wieder mit dem Beten an. Nach Imam Ebu Yusuf ändert sich der Richtwert der Periode (*Adeh*) bereits nach einer einmaligen Abweichung von der gewohnten Frist.

Ist es der Frau, die sie sich nach seinem Urteil richtet, ebenfalls freigestellt, sich zu waschen und zu beten, oder nicht?

Antwort: Ja, dies kann sie selbst entscheiden. Es ist erst erwiesen, ob sich die Dauer der Periode geändert hat oder nicht, nachdem die Blutung endgültig zum Stillstand gekommen ist.

Frage 51: Sind *Wudu'* oder *Ghusl*, die man in der Zeit der Monatsblutungen vollzieht, gültig?

Antwort: Nein, diese sind nicht gültig.[133]

Frage 52: Kann während ein und derselben Periode – nachdem bereits ein weißer klarer Ausfluss ausgetreten ist – erneut eine Blutung in einer der sechs Farben auftreten?

Antwort: Ja, dies kann manchmal vorkommen.

133 Tahtawî, S. 49.

Frage 53: Gilt eine Frau als menstruierend, wenn der gewohnte Zeitpunkt des Eintritts der Menstruation gekommen ist, das Ausbrechen der Blutung jedoch durch die Einnahme von Medikamenten verhindert wurde?

Antwort: Nein, eine solche Frau gilt als rein (*tuhr*).

Frage 54: Gilt die Periode als eingesetzt, wenn die Blutung einer Frau nach dem Beginn der Menstruation durch Medikamente gestoppt wird?

Antwort: Ja, diese Periode hat eingesetzt.

Frage 55: Dauert die Menstruation noch an, wenn nach einem weißen klaren Ausfluss innerhalb der gewohnten Dauer der Periode wieder eine Blutung in einer der sechs Farben auftritt?

Antwort: Ja, diese Menstruation dauert ungebrochen an.

Frage 56: Gilt eine Blutung als Periode, wenn sie weniger als drei Tage andauert?

Antwort: Nein, diese Art der Blutung gilt als *Istihadah*, nicht als Monatsblutung.[134]

Fragen zum Umgang mit dem Edlen Quran während der Periode

Frage 57: Welche Quranverse (*Ayets)* darf eine Frau während der Periode rezitieren?

Antwort: Während ihrer Periode darf eine Frau nur solche *Ayets* rezitieren, die als *Du'a'* (Bittgebet) gelten, und dies auch nur mit der Absicht eines Bittgebets. *Ayets*, die keine *Du'a'*-Bedeutung beinhalten, dürfen auch mit der Absicht eines Bittgebets nicht rezitiert werden.[135]

Frage 58: Darf eine Quranlehrerin während ihrer Periode unterrichten?

Antwort: Wenn sie die einzelnen Wörter durch deutliche Pausen voneinander trennt, darf sie auch während ihrer Monatsblutungen unterrichten.[136]

---

134 Menhelu'l-Waridîn, S. 77.

135 Menhelu'l-Waridîn, S. 112.

136 El-Fetawa'l-Hindiyye, 1/38; Reddu'l-Muhtar, 1/293; Tahtawî, S. 114. Laut dem bedeutenden Gelehrten der ḥanafitischen Rechtsschule Imam Tahtawi darf eine menstruierende Frau eine *Ayet* zur Hälfte lesen, wenn sie deren Wörter während des Lesens durch Pausen deutlich voneinander trennt (Mukhtasaru Tahtawi, S. 18).

Frage 59: Darf eine Frau während ihrer Menstruation einer Quranrezitation zuhören und den Qurantext dabei mit den Augen verfolgen?

Antwort: Ja, dies ist kein Problem.[137]

Frage 60: Darf eine Frau während ihrer Menstruation den Edlen Quran berühren, wenn sie dabei Handschuhe trägt?

Antwort: Nein, dies ist *mekruh tahrimen.* Islamrechtlich ist die Berührung mit dem Handschuh in diesem Fall gleichbedeutend der Berührung mit der bloßen Hand.[138]

Frage 61: Darf eine Frau während ihrer Menstruation die Sure *El-Fatihah* rezitieren?

Antwort: Dies ist nur dann erlaubt, wenn sie dies mit der Absicht eines *Du'a'* macht.[139]

Frage 62: Darf eine Frau während ihrer Menstruation eine Quranübersetzung berühren?

Antwort: Nein, dies ist nicht erlaubt.

Frage 63: Darf eine Frau während ihrer Menstruation eine Quraninterpretation (*Tefsir*) lesen oder berühren?

Antwort: Nein, dies ist nicht erlaubt.[140]

137 Menhelu'l-Waridîn, S. 112.
138 Tahtawî, S. 114.
139 Fethu'l-Kadîr, 1/149.
140 El-Fetawa'l-Hindiyye,1/39; Reddu'l-Muhtar, 1/293; Tahtawî, S. 114.

Frage 64: Darf eine Angehörige der malikitischen Rechtsschule während ihrer Menstruation im Edlen Quran lesen oder ihn aus dem Gedächtnis rezitieren?

Antwort: Ja, nach der malikitischen Rechtsschule darf sie dies, solange sie dabei den Edlen Quran nicht berührt. Wenn aber ihre Periode zu Ende ist, darf sie dies erst wieder, nachdem sie den *Ghusl* ausgeführt hat.[141]

Frage 65: Darf sich eine menstruierende Frau, die der hanefitischen Rechtsschule folgt, nach der malikitischen Rechtsschule richten und im Edlen Quran lesen?

Antwort: Ja, dies ist erlaubt.

Fragen zum Fasten während der Periode

Frage 66: Warum darf eine Frau während ihrer Periode nicht fasten? Wegen der *Hayd* (Monatsblutung) oder wegen des *hadeth* (rituelle Unreinheit)?

Antwort: Der Grund dafür ist die Blutung selbst, nicht die rituelle Unreinheit.

Frage 67: Wie lange vor dem *Fedschr* (Morgendämmerung) eines Ramadantages muss die Monatsblutung enden, damit eine Frau an diesem Tag fasten darf?

Antwort: Sie fastet an diesem Tag, wenn die Blutung innerhalb der Zehntagesfrist endet und noch genug Zeit bis *Fedschr* verbleibt, um den *Ghusl* durchzuführen und die Absicht zum Fasten (*Niyyeh*) zu fassen, oder wenn die Blutung nach der

141 Cevheretu'l-Iklîl, 1/32.

Zehntagesfrist endet und noch genug Zeit für die *Niyyeh* verbleibt. Im letzteren Fall muss sie auch das Nachtgebet (*Ischa'*) nachholen.

Frage 68: Wird das Fasten unmittelbar mit dem Beginn der Blutung gebrochen?

Antwort: Ja, selbst wenn die Blutung nur Sekunden vor dem Sonnenuntergang einsetzt.[142]

Frage 69: Muss eine Frau ihr Sühnefasten komplett wiederholen, wenn die Blutung während des *Keffareh*-Fastens[143] einsetzt?

Antwort: Nein, dies ist nicht erforderlich.[144] Es ist den Frauen nicht möglich, dies zu verhindern.

Frage 70: Muss die *Keffareh* erbracht werden, wenn eine Frau annimmt, die Periode würde an einem bestimmten Tag im Monat Ramadan einsetzen und deshalb an diesem Tag nicht fastet oder das Fasten deswegen bricht, die Blutung jedoch an diesem Tag dann doch nicht einsetzt?

Antwort: Wenn sie die Absicht zum Fasten gefasst hat, dann muss sie dafür die *Keffareh* ableisten. Wenn sie aber keine Absicht zum Fasten gefasst hat, dann muss sie nur den einen versäumten Tag nachholen.[145]

---

142 Menhelu'l-Waridîn, S. 111.

143 Die *Keffareh* ist eine Sühneleistung beispielsweise für das Brechen eines Gelöbnisses, das unentschuldigte Fastenbrechen oder eine Verfehlung während man sich im *Ihram* (Zustand des Pilgerns) befindet. In unserem Fall ist nur die 60-tägige *Keffareh* für ein unentschuldigtes Fastenbrechen im Monat Ramadan gemeint.

144 Reddu'l-Muhtar, 2/412; Tahtawî, S. 532.

145 El-Fetawa'l-Hindiyye, 1/203.

Frage 71: Eine Frau fasst am Vorabend eines Ramadantages die Absicht zum Fasten, obwohl sie sich noch in ihrer Periode befindet. Danach enden ihre Blutungen vor dem *Fedschr* und sie schafft es auch noch, vor dem *Fedschr* den *Ghusl* durchzuführen. Ist ihr anschließendes Fasten gültig oder nicht?

Antwort: Ja, ihr Fasten ist gültig. Entscheidend dabei ist, dass sie sich noch vor dem *Fedschr* reinigt, sofern ihre Blutungen innerhalb der Zehntagesfrist geendet haben.[146]

Frage 72: Darf eine Frau essen und trinken, nachdem ihre Periode während der Fastenzeit eines Fastentages geendet hat?

Antwort: Nein, auch wenn sie an diesem Tag keine Absicht zum Fasten gefasst hat, darf sie trotzdem nach dem Ende ihrer Periode nichts mehr zu sich nehmen. Andersherum muss sie aber sogar etwas essen oder trinken, wenn ihre Periode einsetzt, während sie fastet. Sie darf dann an diesem Tag nicht weiterfasten.[147]

Frage 73: Muss eine Frau, wenn sie wegen eines gebrochenen Gelöbnisses als *Keffureh* drei Tage fastet, dieses Fasten komplett wiederholen, wenn während eines dieser Tage ihre Periode einsetzt?

Antwort: Ja, sie muss diese drei Tage komplett wiederholen, denn es ist kein Problem, drei Tage hintereinander in der reinen Zeit zwischen zwei Monatsblutungen zu fasten.[148]

---

146 El-Fetawa'l-Hindiyye, 1/197.

147 Mecmau'l-Enhur, 1/353; El-Ihtiyar, 1/135.

148 El-Fetawa'l-Hindiyye, 1/38. Ein dreitägiges Sühnefasten muss immer an einem Stück nachgefastet werden. Nach der schafi'itschen Rechtsschule muss sie nicht erneut beginnen.

Frage 74: Darf eine Frau durch die Einnahme von Medikamenten ihre Periode hinauszögern, damit sie zum Beispiel die Kaaba umrunden (*Tawaf*) oder die *Muqabeleh*[149] im Ramadan verfolgen kann?

Antwort: Ja, dies ist erlaubt.

Frage 75: Darf eine Frau die *Niyyeh* zum Fasten fassen, wenn ihre Periode bereits geendet, sie jedoch noch keinen *Ghusl* durchgeführt hat?

Antwort: Ja, sie darf die Absicht zum Fasten vor Durchführung des *Ghusl* fassen.

Frage 76: Muss die Gesamtheit der Tage, die wegen der Monatsblutungen nicht gefastet werden konnten, in einem Stück nachgefastet werden?

Antwort: Nein, man darf die versäumten Tage auch einzeln nachfasten.

Frage 77: Ist es zulässig, dass sich eine Frau durch ein Gelöbnis dazu verpflichtet, während ihrer Periode zu fasten oder zu beten?

Antwort: Nein, dies ist verboten; und solche Handlungen sind weder gültig, noch mit göttlichem Lohn verbunden.[150]

---

149 Mit Muqabeleh bezeichnet man das gemeinsame Quranlesen im Monat Ramadan. Normalerweise liest hier der Imam vor und die Zuhörer lesen im Edlen Quran leise mit.

150 Menhelu'l-Waridîn, S. 111.

Frage 78: Wird das Fasten einer Frau ungültig, wenn sie vor Sonnenuntergang bemerkt, dass die Blutung in ihrem Inneren bereits eingesetzt hat, das Blut jedoch erst nach Sonnenuntergang nach außen tritt?

Antwort: Nach Imam Ebu Hanifeh und Imam Ebu Yusuf ist ihr Fasten gültig, nach Imam Muhammed nicht.[151]

Frage 79: Muss ein *Nafileh*-Fasten nachgeholt werden (*Qada'*), wenn die Periode während des Fastens einsetzt?

Antwort: Ja, es muss nachgeholt werden (*wadschib*).[152]

Frage 80: Muss eine Frau diejenigen Tage, die sie wegen ihrer Monatsblutungen nicht fasten konnte, unmittelbar nach dem Ende ihrer Periode nachfasten?

Antwort: Nein, sie kann diese Tage auch später nachfasten.

Frage 81: Warum darf eine Frau sofort nach dem Ende ihrer Periode fasten, ohne sich zuvor einem *Ghusl* unterzogen zu haben, beten aber erst nach dem *Ghusl*?

Antwort: Die Ursache (*Illeh*) des Fastenverbots ist die Monatsblutung selbst, ohne die Verunreinigung (*hadeth*), die dadurch entsteht. Die Ursache für das Verbot zu beten aber ist das Auftreten der Monatsblutung, gemeinsam mit der Verunreinigung, die damit einhergeht.

---

151 Reddu'l-Muhtar, 1/384.

152 El-Fetawa'l-Hindiyye, 1/38. Nach der schafi'itschen Rechtsschule muss es nicht nachgeholt werden.

Fragen zum Gebet während der Periode

Frage 82: Wie ist die islamrechtliche Beurteilung des Betens und Fastens während der Monatsblutungen?

Antwort: Während der Periode zu beten oder zu fasten ist *haram*.[153]

Frage 83: Wie viel Zeit muss nach dem Abklingen der Periode bis zum Ende der Gebetszeit verbleiben, damit das aktuelle Gebet noch verrichtet werden muss?

Antwort: Wenn die Blutung länger als zehn Tage dauert und nach dem Ende der Blutung ausreichend Zeit für den *Ghusl,* das Ankleiden und den Eröffnungstekbir (*Tekbirul Iftitah)*[154] verbleibt, dann muss das Gebet sofort verrichtet werden. Wenn die Zeit aber nur noch für den Eröffnungstekbir allein ausreicht, dann muss das Gebet nachgeholt werden (*Qada'*), weil das Gebet ohne *Ghusl* nicht verrichtet werden darf.

Wenn die Periode weniger als zehn Tage nach Beginn der Blutung endet und genug Zeit dafür bleibt, den *Ghusl* vorzunehmen, sich anzuziehen und den Eröffnungstekbir auszusprechen, so muss das Gebet verrichtet werden. Wenn hingegen nur noch genug Zeit verbleibt, um den Eröffnungstekbir auszuführen (ohne die Möglichkeit, sich zu waschen und anzuziehen), dann ist dieses Gebet nicht verpflichtend und muss auch nicht nachgeholt werden.

---

153 Menhelu'l-Waridîn, S. 110.

154 Der Eröffnungstakbir ist das Aussprechen der Formel „Allahu Ekber" zu Beginn eines Gebets.

Frage 84: Ist es erlaubt, dass eine menstruierende Frau zu den Zeiten, in denen die anderen beten, die kleine Gebetswaschung vollzieht (*Wudu'*) und sich zum *Dhikr* oder *Tesbih* zurückzieht?

Antwort: Dies ist nicht nur erlaubt, sondern sogar *mustehabb*.[155]

Frage 85: Muss eine Frau ein Gebet nachholen (*Qada'*), wenn ihre Periode gegen Ende der Gebetszeit einsetzt und sie das Gebet bis dahin noch nicht verrichtet hat?

Antwort: Nein, dieses Gebet muss nicht nachgeholt werden.[156]

Frage 86: Muss ein *Nafileh*-Gebet nachgeholt werden, wenn die Periode während der Verrichtung eines *Nafileh*-Gebets einsetzt?

Antwort: Ja, dieses muss nachgeholt werden, denn ein *Nafileh*-Gebet wird verpflichtend (w*adschib*), sobald man die *Niyyeh* dazu gefasst und tatsächlich damit begonnen hat.[157]

Frage 87: Muss ein *Fard*-Gebet nachgeholt werden, wenn die Periode während der Verrichtung eines *Fard*-Gebets einsetzt?

Antwort: Nein, dieses Gebet muss nicht nachgeholt werden.[158]

155 Menhelu'l-Waridîn, S. 110.

156 Nach der schafi'itischen Rechtsschule muss sie dieses Gebet nachholen.

157 Reddu'l-Muhtar, 1/291. Nach der schafi'itischen Rechtsschule muss sie dieses Gebet nicht nachholen.

158 Menhelu'l-Waridîn, S. 111. Nach der schafi'itschen Rechtsschule muss sie dieses Gebet nachholen.

Frage 88: Wieso wird nach einer Blutung, die länger als zehn Tage dauert, ein Gebet nachholpflichtig, selbst wenn dafür nur noch so wenig von dessen Gebetszeit übrig bleibt, dass diese gerade noch für die Ausführung eines *Tekbirul Iftitah* ausreicht, während nach Blutungen, die weniger als zehn Tage dauern, das Verbleiben eines so kurzen Zeitraums nicht dazu führt, dass das Gebet verpflichtend wird und nachgeholt werden muss?

Antwort: Weil im ersten Fall die Zeit, die für den *Ghusl* aufgewendet wird, schon zur blutungsfreien Zeit (*Tuhr*) zählt, während im zweiten Fall die Zeit für den *Ghusl* noch zur Phase der Monatsblutung zählt.

Frage 89: Erhalten die Frauen göttlichen Lohn (*Haseneh*) dafür, dass sie ihre Gebete während ihrer Periode nicht verrichten?

Antwort: Allah der Erhabene hat den Frauen verboten, in der Zeit ihrer Monatsblutungen zu beten. Deshalb erhalten sie für die Beachtung Seiner Verbote während ihrer Periode ebenso Lohn, wie sie außerhalb der Periode Lohn dafür erhalten, wenn sie Seine Gebote erfüllen und beten.

Frage 90: Ist es angebracht, dass eine Frau diejenigen Gebete, die sie während ihrer Periode nicht verrichten konnte, nach dem Abklingen ihrer Periode nachholt (*Qada'*)?

Antwort: Nein, dies ist unangebracht.[159]

159 Reddu'l-Muhtar, 1/291.

Frage 91: Gibt es Dinge, die einer Frau während ihrer Periode erlaubt, aber während des Wochenbetts (*Nifas*) verboten sind, oder während des Wochenbetts erlaubt und während der Periode verboten sind?

Antwort: Nein, für beide Zustände gelten dieselben Erleichterungen und dieselben Einschränkungen.

Frage 92: Muss eine menstruierende Frau die Rezitationsniederwerfung (*Sudschudu Tilaweh*) ausführen, wenn sie einen Quranvers hört, der zur Niederwerfung verpflichtet (*Ayetu Sudschud*)?

Antwort: Nein, in diesem Fall besteht keine Verpflichtung zur Niederwerfung. Dagegen ist solch eine Niederwerfung für jeden *wadschib*, der *dschunub* ist, denn wenn jemand *dschunub* ist, ist er weiterhin zum Gebet und somit auch zur Rezitationsniederwerfung verpflichtet.

Fragen zur Periode während der *Hadsch*

Frage 93: Ist die Umrundung der Kaaba (*Tawaf*) während der Periode gültig?

Antwort: Ja, sie ist gültig. Solch ein *Tawaf* ist jedoch islamrechtlich sehr schlecht angesehen, da er *mekruh tahrimen* ist.[160]

---

160 El-Fetawa'l-Hindiyye, 1/35.

Frage 94: Muss eine Frau den *Tawafu Ziyareh*[161] ausführen, wenn ihre Periode noch vor ihrer Abreise aus Mekka endet?

Antwort: Ja, das muss sie. Sollte ihre Periode aber nicht abklingen, bevor ihre Reisegruppe Mekka verlässt, dann gibt es zwei Möglichkeiten: Entweder die Frau verbleibt solange in Mekka, bis ihre Periode abgeklungen ist und reist erst dann ab[162], oder sie verrichtet den *Tawafu Ziyareh* menstruierend. Dies ist aber eine falsche Handlung, da sie die *Mesdschidul Haram* normalerweise während ihrer Periode nicht betreten darf. Deshalb muss sie dann ein Kamel oder eine Kuh schlachten, um diese falsche Handlung wieder gutzumachen.[163]

Frage 95: Darf eine Frau auch während ihrer Periode den *Sa'y* ausführen?

Antwort: Sie darf den siebenmaligen Lauf zwischen Safa und Merweh (*Sa'y*) nur dann während ihrer Menstruation ausführen, wenn diese erst, nachdem sie den *Tawafu Ziyareh* durchgeführt hat, eingesetzt hat. Da die *Sa'y*-Strecke direkt neben der Mesdschid al-Haram liegt, darf sie diese nur durch eine Außentüre betreten, und nicht durch die *Mesdschid*, wie dies normalerweise der Fall ist, weil sie während ihrer Monatsblutungen keine *Mesdschid* betreten darf.

Frage 96: Ist ein *Sa'y* zulässig, wenn der zugehörige *Tawafu Ziyareh* während der Periode stattfand?

Antwort: Nein, solch ein *Sa'y* ist nicht zulässig, weil ein *Sa'y* nur nach einem einwandfreien *Tawaf* ausgeführt werden darf.

---

161 Vgl. Fußnote 42.

162 Mecmeu'l Enhur, Band 1, Seite 422.

163 Reddul Muhtar, Band 3, Seite 616.

Frage 97: Welche Konsequenzen ergeben sich, wenn eine Frau während ihrer Periode den *Tawaf* und den *Sa'y* ausführt und sich anschließend die Haare schneidet?

Antwort: In solch einem Fall muss sie zwei Tiere opfern. Eines für den *Tawaf*, den sie während ihrer Periode ausgeführt hat, und eines für den ungültigen *Sa'y*, den sie nach einem nicht einwandfreien *Tawaf* ausgeführt hat.

Frage 98: Welche Riten der Pilgerfahrt darf eine Frau während ihrer Periode nicht ausführen?

Antwort: Sie darf alle Bestandteile der *Hadsch*, außer den *Tawaf*, ausführen.[164]

Frage 99: Wie wird der *Ghusl*, den eine menstruierende Frau durchführt, bevor sie sich in den Weihezustand der *Hadsch* oder *Umreh* begibt (*Ihram*), rechtlich beurteilt?

Antwort: Dieser ist *mustehabb*, weil dieser *Ghusl* ausschließlich zur Reinigung des Körpers vollzogen wird.

Frage 100: Warum darf eine Frau während ihrer Periode keinen *Tawaf* machen? Weil sie die Moschee nicht betreten darf oder weil der *Tawaf* an sich für sie nicht erlaubt ist?

Antwort: Der *Tawaf* an sich ist ihr nicht erlaubt. Deshalb muss sie auch sofort die Umkreisung der Kaaba abbrechen, wenn ihre Periode während der Durchführung des *Tawaf* einsetzt.

---

164 Reddu'l-Muhtar, 2/568.

Fragen zum Beischlaf während der Periode

Frage 101: Darf eine Frau mit ihrem Mann Geschlechtsverkehr haben, wenn ihre Periode früher als gewohnt endet und sie außerdem den *Ghusl* schon ausgeführt hat?

Antwort: In diesem Fall ist dies trotz *Ghusl mekruh tahrimen.* Sie muss solange auf den Beischlaf verzichten, bis die übrige Zeit ihrer gewohnten Periode (*Adeh*) abgelaufen ist, weil es oftmals vorkommt, dass in einem solchen Fall die Blutungen nochmals einsetzen.

Frage 102: Darf ein Mann mit seiner nichtmuslimischen Frau Geschlechtsverkehr haben, wenn ihre Periode innerhalb der ersten zehn Tage endete, sie jedoch noch keinen *Ghusl* durchgeführt hat?

Antwort: Nach der gängigen (*sahih)* Meinung der islamischen Gelehrten ist dies erlaubt, weil eine Nichtmuslimin nicht zum *Ghusl* verpflichtet ist.[165]

Frage 103: Welche Dinge sind einer Frau im *dschunub*-Zustand erlaubt, während ihrer Monatsblutungen aber nicht?

Antwort: Eine Frau, die *dschunub* ist, darf fasten und Geschlechtsverkehr haben, eine menstruierende Frau darf dies nicht.

165 Menhelu'l-Waridîn, S. 91; Tahtawî, S. 117; Reddu'l-Muhtar, 1/295.

Frage 104: Darf eine Frau ihren Ehemann über ihren Zustand falsch informieren?

Antwort: Nein, denn wenn sie behauptet, dass sie keine Monatsblutungen hat, obwohl sie doch welche hat, dann kann diese Lüge zu unerlaubtem Beischlaf (*haram*) mit ihrem Ehemann führen. Wenn sie andersherum behauptet, dass sie ihre Tage hat, obwohl sie diese nicht hat, dann kann diese Lüge dazu führen, dass sie ihrem Ehemann sein Recht auf geschlechtlichen Verkehr mit ihr verweigert.

Frage 105: Darf der Ehemann den unbedeckten Schambereich (zwischen Bauchnabel und Knie) seiner menstruierenden Frau berühren?

Antwort: Nein, dies ist nicht erlaubt.[166]

Frage 106: Ist der Beischlaf erlaubt, wenn die Periode vor der Zehntagesfrist endet und noch dazu ausreichend Zeit von der aktuellen Gebetszeit verbleibt, um den *Ghusl* und den *Tekbirul Iftitah* auszuführen?

Antwort: Nein, ohne vorherigen *Ghusl* oder ohne dass eine vollständige Gebetszeit verstrichen ist, ist der Beischlaf nicht erlaubt.

---

166 Tahtawî, S. 115. Nach Imam Muhammed darf er dies. Lediglich ihr eigentliches Geschlechtsorgan ist ihm verwehrt.

Frage 107: Ab welchem Zeitpunkt ist einer Frau der Beischlaf wieder erlaubt, wenn ihre Periode am Vormittag endete und sie anschließend keinen *Ghusl* durchgeführt hat?

Antwort: Nachdem die Zeit des Mittagsgebets verstrichen ist, ist ihr der Beischlaf wieder erlaubt[167].

Frage 108: Warum ist der Beischlaf ohne *Ghusl* erlaubt, wenn die Periode innerhalb der Zehntagesfrist endete und zusätzlich eine komplette Gebetszeit verstrichen ist?

Antwort: Wenn ein Frau eine komplette Gebetszeit verstreichen ließ und daher dieses Gebet nachholen muss (*Qada'*), dann gilt sie – islamrechtlich betrachtet – als rein.[168]

Frage 109: Gibt es – islamrechtlich betrachtet – einen Unterschied zwischen dem Beischlaf während der Periode und dem Beischlaf nach dem vorzeitigen Ende der Periode?

Antwort: Ja, während der Periode ist dies nach übereinstimmender Meinung aller Gelehrten *haram*. Wenn die Blutung vorzeitig endet, dann ist der Beischlaf in der Folgezeit – bis zum erfahrungsgemäßen Ende der Menstruation – nach der

---

167 Da der Vormittag keine eigene Gebetszeit darstellt, muss solange mit dem Geschlechtsakt gewartet werden, bis die komplette Mittagsgebetszeit abgelaufen ist, wenn sich die Frau nicht zuvor reinigt. Eine komplette Gebetszeit verstreichen zu lassen, ohne das Gebet auszuführen. ist aber eine große Sünde.

168 Reddu'l-Muhtar, 1/295. Lässt sie aber eine Gebetszeit verstreichen, ohne gebetet zu haben, obwohl sie genug Zeit dafür gehabt hätte, so hat sie eine große Sünde begangen. Sie muss diese Tat schleunigst bereuen (*Tewbeh*) und zusätzlich den Vorsatz fassen, diese Sünde nie wieder zu begehen.

Meinung einiger Gelehrter *haram*, nach der Meinung anderer Gelehrter *mekruh tahrimen.*[169]

Fragen zu Eheschließung und Scheidung während der Periode

Frage 110: Wie ist eine Scheidung während der Periode einzustufen?

Antwort: Eine Scheidung während der Periode ist *haram.*[170]

Frage 111: Darf eine Frau während ihrer Periode heiraten?

Antwort: Ja, die Heirat selbst ist während der Menstruation erlaubt, der Beischlaf jedoch erst nach dem Abklingen der Blutungen.

Frage 112: Wie muss sich eine Frau verhalten, die noch nie Monatsblutungen hatte, oder die keine Blutungen mehr hat, weil sie die Menopause bereits hinter sich hat, wenn sie während der dreimonatigen Wartezeit der Scheidung (*Iddeh*) plötzlich Monatsblutungen bekommt?

Antwort: Die *Iddeh* dieser Frau beginnt dann von neuem.[171]

---

169 Dieser Unterschied ist aber nur marginal, denn sowohl Taten, die *haram* sind, als auch Taten, die *mekruh tahrimen* sind, führen zu einer Bestrafung im Jenseits, wenn diese nicht aufrichtig bereut werden (*Tewbeh*).

170 Menhelu'l-Waridîn, S. 114.

171 Menhelu'l-Waridîn, S. 84. Eine Frau, die keine Monatsblutungen hat, zählt nach Kalendermonaten. Nachdem sie Monatsblutungen bekommen hat, beträgt ihre Wartezeit drei Menstruationsphasen.

Frage 113: Wie handelt eine Frau, die nach ihrer Scheidung zwei Perioden hatte, deren dritte Periode aber nicht einsetzt?

Antwort: Sie wartet solange, bis ihre dritte Periode einsetzt oder bis sie sicher ist, dass sie in die Postmenopause[172] eingetreten ist[173]. Dann kann sie die Wartezeit nach Kalendermonaten berechnen, muss dabei aber wieder von vorne zu zählen beginnen.

Frage 114: Ist eine Scheidung in der Zeit zwischen dem Ende der Periode und der Ganzkörperwaschung (*Ghusl*) erlaubt?

Antwort: Wenn die Blutung die Zehntagesfrist überschritten hat, so ist dies erlaubt, da hier die Ausführung des *Ghusl* nicht mehr zur Dauer der Periode zählt. Wenn die Blutung aber weniger als zehn Tage dauerte, dann ist die Scheidung erst erlaubt, wenn zuvor der *Ghusl* durchgeführt wurde oder eine vollständige Gebetszeit vergangen ist.

---

172 Die Postmenopause ist die Zeit nach der Menopause, also die Zeit, in der eine Frau aus Altersgründen keine Monatsblutungen mehr bekommt.

173 Setzt keine dritte Periode ein, so muss die Frau solange warten, bis sie ihr 55. Lebensjahr vollendet hat, erst danach setzt in diesem Fall ihre Postmenopause offiziell ein. Denn die „reine Zeit" (*Tuhr*) ist nicht nach oben begrenzt (Reddul Muhtar, Band 1, Seite 552). Hat sie das 55. Lebensjahr vollendet, so muss sie nochmals drei Kalendermonate abwarten, bis sie rechtsgültig geschieden ist (bei *Talaqu redsch'i*) und erneut heiraten darf.

Fragen zum Wochenbett

Frage 115: Wie viel Zeit muss zwischen dem Ende des Wochenbetts und dem Einsetzen neuerlicher Blutungen mindestens vergehen, damit diese neuerlichen Blutungen als Menstruation gelten?

Antwort: Der Zeitraum zwischen dem Ende des Wochenbetts und der Menstruation beträgt mindestens 15 Tage. Blutungen, die vor dieser Frist auftreten, gelten als *Istihadah*.

Frage 116: Ist die Scheidung erlaubt, solange eine Frau ihren Wochenfluss hat?

Antwort: Die Scheidung ist *haram*, solange der Wochenfluss andauert.[174]

Frage 117: Wie lange dauert der Zeitraum zwischen zwei Wochenblutungen mindestens?

Antwort: Dieser Zeitraum dauert mindestens sechs Monate.[175]

Frage 118: Wieso wird die Blutung nach der Geburt als *Nifas* bezeichnet?

Antwort: Weil bei der Geburt die Gebärmutter gewissermaßen erleichtert aufatmet[176] oder weil bei der Geburt ein Mensch[177] zur Welt kommt.[178]

---

174 Menhelu'l Waridîn, S. 114.
175 Reddu'l-Muhtar, 1/285.
176 *„Teneffese"* = erleichtert aufatmen.
177 *„Nefs"* – Seele, Leben, Person, Mensch.
178 Schurunbulâlî, 1/41; Benaye, 1/69.

Frage 119: Wie wird eine Blutung vor und während der Geburt – bevor die Hälfte des Kindes den Mutterleib verlassen hat – islamrechtlich eingestuft?

Antwort: Diese Blutung wird als abnorme Blutung und nicht als *Nifas* eingestuft.[179]

Frage 120: Wo entsteht das Blut des Wochenflusses?

Antwort: Das Wochenbettblut entsteht – wie das Menstruationsblut auch – in der Gebärmutter.[180]

Frage 121: Ist eine Blutung, die auftritt, nachdem die Hälfte des Kindes den Mutterleib verlassen hat, eine Wochenbettblutung?

Antwort: Nach Imam Ebu Hanifeh und Imam Ebu Yusuf ist es eine Wochenbettblutung, nach Imam Muhammed nicht.[181]

---

179 Die Gebärende ist solange zur Verrichtung ihrer Pflichtgebete verpflichtet, bis das Kind den Mutterleib mindestens zur Hälfte verlassen hat. Kann sie diese Gebete nicht im Stehen ausführen, dann macht sie dies im Sitzen. Kann sie dies nicht im Sitzen, dann deutet sie die Bewegungen des Gebets liegend an.

180 Menhelu'l-Waridîn, S. 73.

181 Menhelu'l-Waridîn, S. 82. In den einschlägigen Werken (Tahtawi, Reddul Muhtar, Schurumbulali, Ikhtiyar) wird der Meinung von Imam Ebu Hanifeh und Imam Ebu Yusuf der Vorzug gegeben.
Nach der schafi'itischen Rechtsschule wird diese Blutung nicht als Wochenbettblutung eingestuft.

Frage 122: Wie wird das Wochenbett einer Frau bei ihrer ersten Geburt eingestuft, wenn sie nach der Geburt nur eine Stunde blutet und dann erst wieder am 40. Tag?

Antwort: Nach Imam Ebu Hanifeh gehört die gesamte Zeitspanne zum Wochenbett. Nach ihm gehören die blutungsfreien Zeiten innerhalb der Wochenbettdauer, ob kurz oder lang, ebenfalls zum Wochenbett. Der Vergleichswert (*Adeh*) bei der nächsten Geburt beträgt also 40 Tage.[182]

Frage 123: Ist das Wochenbett beendet, wenn die Blutung bereits begonnen hat und anschließend durch Medikamente oder ähnliches gestoppt wird?

Antwort: Nein, das Wochenbett ist damit nicht beendet.[183] Das heißt dass die *Adeh* einer Frau, die zuvor schon ein Kind bekommen hat, gleich bleibt. Die Frau muss aber sofort wieder mit dem Beten und Fasten beginnen, sobald die Blutungen gestoppt wurden. Sie darf jedoch nicht mit ihrem Ehemann Geschlechtsverkehr haben, solange ihre *Adeh* nicht abgelaufen ist.

Ist es die erste Entbindung einer Frau und wird die Blutung durch Medikamente oder ähnliches bis zum 40. Tag nach der Entbindung gestoppt, so beträgt ihre *Adeh* bei der nächsten Geburt 40 Tage. Sollten die Blutungen nicht so lange gestoppt werden und vor dem 40. Tag Blutungen auftreten, so gelten

---

182 El-Fikhu ale'l Mezahibi'l-Erbaâ, 1/132. Nach Imam Ebu Yusuf und Imam Muhammed gehört nur die erste Stunde nach der Geburt zum Wochenbett. Sie stufen blutungsfreie Zeiträume von 15 Tagen oder mehr als Unterbrechung des Wochenbetts ein. Die *Fetwa* wird nach Imam Ebu Hanifeh erteilt. (Vgl. Reddul Muhtar, Band 1, S.532).
Nach der schafi'itschen Rechtsschule wird diese Zeit ebenfalls als Unterbrechung des Wochenbetts eingestuft.

183 Menhelu'l-Waridîn, S. 81.

diese als *Nifas*. Auch sie muss sofort wieder mit dem Beten beginnen, sobald die Blutungen gestoppt wurden und darf 40 Tage – oder bis zum 40. Tag nach der Geburt, wenn die neuerlich aufgetretenen Blutungen so lange andauern – nicht mit ihrem Ehemann geschlechtlich verkehren.

Wenn aber der Wochenfluss von Anfang an daran gehindert wird, zu beginnen, ohne dass nach der Geburt irgendwelche Blutungen auftraten, dann gilt die Frau als rein. Sie muss sofort nach der Geburt mit dem Beten und Fasten beginnen und darf mit ihrem Ehemann geschlechtlich verkehren. Ihre *Adeh* für ihre nächste Geburt beträgt null Tage.

Frage 124: Wie wird die Wochenbettdauer (*Adeh*) für die Frau festgesetzt?

Antwort: Die Wochenbettdauer wird mit der Dauer der Blutungen nach einer Entbindung festgesetzt und ändert sich gegebenenfalls bei der nächsten Entbindung.

Frage 125: Gibt es einen Unterschied zwischen dem Wochenbett nach einer Fehlgeburt und einer Abtreibung?

Antwort: Nein, hier gibt es keinen islamrechtlichen Unterschied.

Frage 126: Muss ein *Keffareh*-Fasten wiederholt werden, wenn der Wochenfluss während des Fastens beginnt?

Antwort: Ja, das Sühnefasten muss wiederholt werden.

Fragen zu *Istihadah* (abnorme Blutung/irreguläre vaginale Blutung)

Frage 127: Muss man den *Ghusl* durchführen, nachdem eine abnorme Blutung endgültig zum Stillstand gekommen ist?

Antwort: Nein, dies ist keine Pflicht. Es ist aber empfehlenswert *(mustehabb),* den *Ghusl* nach dem Abklingen abnormer Blutungen auszuführen.[184]

Frage 128: Ist es verboten, der Ehefrau beizuwohnen, während sie unter abnormen Blutungen leidet?

Antwort: Nein, dies ist erlaubt. Es ist aber *mustehabb,* damit so lange zu warten, bis die Blutungen abgeklungen sind.[185]

Frage 129: Welche Blutungen werden als *fasid* (unecht) bezeichnet?

Antwort: Die Begriffe *fasid* und *Istihadah* werden in Bezug auf Blutungen normalerweise im selben Sinne verwandt. Manche Gelehrte bezeichnen mit *fasid* aber auch nur die Blutungen von Mädchen, die jünger als neun Jahre alt sind.[186]

Frage 130: Gibt es einen wörtlichen Unterschied zwischen den Begriffen *Hayd* und *Istihadah*?

Antwort: Nein, beide Begriffe bedeuten „fließen".

---

184 El-Fetawa'l Hindiyye, 1/36.

185 Menhelu'l-Waridîn, S. 73

186 Reddu'l-Muhtar, 1/283; Muğnî, 1/108.

Frage 131: Wo ist der Ursprungsort der *Istihadah*?

Antwort: Dieses Blut entstammt verletzten Adern im weiblichen Geschlechtsorgan.[187]

Frage 132: Gelten die speziellen Regeln für *Istihadah* weiter, wenn die Blutung durch Medikamente oder andere Mittel gestoppt wird?

Antwort: Nein, dann gelten wieder die Regelungen für gesunde Frauen.[188]

Frage 133: Werden alle Blutungen, die keine Monatsblutungen oder Wochenfluss sind, als *Istihadah* bezeichnet?

Antwort: Ja, all diese Blutungen werden als *Istihadah bezeichnet*.

Frage 134: Können Blutungen, die während des üblichen Zeitraums der Periode auftreten und die die Zehntagesfrist nicht überschreiten, als *Istihadah* bezeichnet werden?

Antwort: Nein, solche Blutungen gelten eindeutig als *Hayd*.

Frage 135: Gibt es Blutungen, die innerhalb der Zehntagesfrist der Periode eintreten und als *Istihadah* eingestuft werden?

Antwort: Ja. Wenn Blutungen über die Zehntagesfrist hinausgehen, dann werden diejenigen Tage, die die gewohnte

187 El-Fikhu'l-Islamî, 1/378.
188 Menhelu'l-Waridîn, S. 85.

Dauer der Periode (*Adeh*) überschreiten, als *Istihadah* eingestuft.[189]

Frage 136: Werden Blutungen, die nicht aus dem Inneren des weiblichen Geschlechtsorgans, sondern von äußerlichen Verletzungen des Geschlechtsorgans herstammen, ebenfalls als *Istihadah bezeichnet*?

Antwort: Nein, diese sind keine *Istihadah.* Dauern diese Blutungen länger als eine komplette Gebetszeit an, werden sie als *Udhr* eingestuft.

Frage 137: Wie erkennt man den Unterschied zwischen Monatsblut und abnormen Blutungen?

Antwort: Das Monatsblut ist dick und schwer und hat einen unangenehmen Geruch, abnormes Blut hingegen ist dünnflüssig und riecht nicht.[190]

Frage 138: Wie unterscheidet sich eine *Udhr*-Blutung von der *Istihadah*?

Antwort: *Istihadah* tritt aus dem Inneren des weiblichen Geschlechtsorgans hervor. Die *Udhr*-Blutung kann an jeder beliebigen Körperstelle auftreten.

---

189 Beispiel: Die *Adeh* einer Frau beträgt vier Tage, sie blutet aber zwölf Tage. Die acht Tage, die über die *Adeh* hinausgehen, werden als *Istihadah* eingestuft. Diese Tage muss sie nachbeten und gegebenenfalls auch nachfasten. Die *Adeh* der Frau für die nächste Monatsblutung beträgt weiterhin vier Tage.

190 Tahtawî, S. 111; El-Fikhu'l-Islamî, 1/455.

Frage 139: Ist jede *Istihadah* auch eine *Udhr*-Blutung?

Antwort: Nein, nicht jede *Istihadah* ist auch eine *Udhr-Blutung*. Erst, wenn die abnorme Blutung über eine komplette Gebetszeit hinweg andauert, wird sie zur *Udhr-Blutung*.

Frage 140: Gibt es ein Höchstalter, ab dem *Istihadah* nicht mehr auftreten kann?

Antwort: Nein, *Istihadah* kann in jedem beliebigen Alter auftreten.[191]

Frage 141: Muss eine Person mit einer *Udhr*-Blutung alle ihr zur Verfügung stehenden Mittel einsetzen, um die Blutung zu stoppen oder, wenn dies nicht möglich ist, zu verringern?

Antwort: Ja, das muss sie.[192]

Frage 142: Kann der *Wudu'* einer Person, die *Udhr*-Blutungen hat, nur durch den Beginn der nächsten Gebetszeit gebrochen werden, oder auch schon vorher durch *hadeth* (kleine rituelle Verunreinigung)?

Antwort: Der *Wudu'* einer Person, die *Udhr*-Blutungen hat, wird in der aktuellen Gebetszeit gebrochen, sobald eine kleine rituelle Verunreinigung eintritt.[193]

---

191 Menhelu'l-Waridîn, S. 83.

192 El-Fetawa'l-Hindiyye, 1/141.

193 El-Fetawa'l-Hindiyye, 1/141.

Frage 143: Muss eine Person mit einer *Udhr*-Blutung nur mit dem Anbruch einer neuen Gebetszeit oder extra für jedes einzelne Gebet die rituelle Gebetswaschung erneuern?

Antwort: Sie muss ihren *Wudu'* nur erneuern, wenn eine neue Gebetszeit anbricht.[194]

Frage 144: Bleibt die rituelle Reinheit erhalten, wenn jemand den *Wudu'* durchführt nachdem die *Udhr*-Blutung abgeklungen ist und die Blutung auch bis zur nächsten Gebetszeit nicht wieder auftritt?

Antwort: Ja, die rituelle Reinheit bleibt erhalten.[195]

Frage 145: Wie verhält sich eine Frau richtig, wenn ihre Blutung nur während der Gebetsniederwerfungen (*Sudschud*) auftritt? Soll sie die *Sudschud* ausführen oder nur andeuten?

Antwort: Tritt die Blutung ausschließlich in der *Sudschud* auf, so deutet sie diese nur an. Tritt die Blutung nur im Stehen auf, so betet sie im Sitzen. Auf das Stehen oder auf die *Sudschud* zu verzichten, ist dem Beten ohne *Wudu'* vorzuziehen.[196]

Frage 146: Wie wird eine Frau mit *Istihadah* genannt?

Antwort: Sie wird *Mustehadah* genannt.

---

194 Nach der schafi'itschen Rechtsschule muss sie für jedes einzelne Gebet den *Wudu'* erneuern.

195 El-Fetawa'l-Hindiyye, 1/41.

196 El-Fetawa'l-Hindiyye, 1/41.

Kapitel V: Fragen zur Überprüfung des Wissensstandes zu den besonderen Tagen

(Die Auflösung findet sich in den Fußnoten)

Frage 1: Welche sechs Farben einer Blutung zeigen den Beginn der Menstruation an?[197]

Frage 2: Wie lange ist die Mindest- und wie lange die Höchstdauer der Phase zwischen zwei Monatsblutungen?[198]

Frage 3: Wie lange ist die Mindestdauer zwischen zwei Wochenbetten?[199]

Frage 4: Wie oft muss die Dauer der Menstruationsblutungen von der *Adeh* (Richtwert) abweichen, damit ein neuer Richtwert festgelegt wird[200]?

Frage 5: Die *Adeh* einer Frau ist sieben Tage. Ihre Blutungen dauern zwölf Tage. Wie lang ist ihre *Adeh* bei der nächsten Menstruation?[201]

Frage 6: Eine Frau bekommt im Verlauf der Zeit des Mittagsgebets abnorme Dauerblutungen. Sie schafft es nicht, die Blutungen so lange zu stoppen, damit sie die rituelle Gebetswaschung durchführen und ihr Pflichtgebet verrichten kann.

197 Die sechs Farben sind: schwarz, dunkelrot, gelb, grün, grau und braun.

198 Die Mindestdauer beträgt 15 Tage, es gibt keine Höchstdauer.

199 Die Mindestdauer zwischen zwei Wochenbetten beträgt sechs Monate.

200 Die *Adeh* ändert sich bereits nach einer Veränderung der Dauer der Menstruationsphase.

201 Da die Zehntagesfrist überschritten wurde bleibt ihre *Adeh* unverändert bei sieben Tagen, die restlichen fünf Tage gelten als abnorme Blutungen.

a) Wie kann sie ihr Gebet trotzdem korrekt verrichten?

b) Wenn die Dauerblutungen in diesem Maße anhalten, ab wann werden sie zum *Udhr*?

c) Was muss sie tun, wenn ihre Blutungen in der Zeit des Nachmittagsgebets abklingen?[202]

Frage 7: Die *Istihadah* einer Frau ist zum *Udhr* geworden.

a) Welche Voraussetzungen müssen erfüllt sein, damit der *Udhr*-Zustand bestehen bleibt?

b) Zu welchen Zeiten muss die Frau im *Udhr*-Zustand ihren *Wudu'* erneuern?[203]

---

202 6 a) Sie wartet mit der Verrichtung des *Wudu'* und des Pflichtgebets so lange, bis von der Zeit des Mittagsgebets nur noch so viel übrig ist, dass diese Zeit gerade ausreicht, um den *Wudu'* und das Pflichtgebet zu verrichten. Dann wäscht sie sich trotz der Dauerblutungen und verrichtet nur das Pflichtgebet.
6 b) Die abnormen Dauerblutungen werden erst zum *Udhr,* nachdem eine komplette Gebetszeit vergangen ist, ohne dass die Blutungen der Frau für so lange stoppen, dass es ihr möglich ist den, *Wudu'* und das Pflichtgebet auszuführen. In diesem Fall ist dies die komplette Zeit des Nachmittagsgebets.
6 c) Wenn sie während der Zeit des Nachmittagsgebets die Möglichkeit hat, den *Wudu'* zu verrichten, dann muss sie auch das Pflichtgebet der Mittagszeit nochmals wiederholen.

203 7 a) Wenn die abnormen Blutungen mindestens einmal pro Gebetszeit auftreten, verbleibt die Frau dadurch weiterhin im *Udhr*-Zustand. 7 b) Die Frau muss zu Beginn jeder neuen Gebetszeit ihren *Wudu'* auffrischen, damit kann sie dann alle gottesdienstlichen Handlungen ausführen, die auch eine Frau ohne Blutungen ausführen darf, wie freiwillige Gebete, Quranlesen und an der *Khatmeh* teilnehmen.

Frage 8: Die *Adeh* einer Frau beträgt sechs Tage. Nach vier Tagen tritt aus ihrer Scheide eine klare weiße Flüssigkeit aus und danach enden ihre Blutungen. Wie handelt sie richtig?[204]

Frage 9: Die Periode einer Frau setzt vor dem gewohnten Termin ein. Soll sie bis zum üblichen Beginn ihrer Periode weiterbeten oder soll sie sofort mit dem Beten aufhören?[205]

Frage 10: Die *Adeh* einer Frau beträgt vier Tage. Sie blutet aber auch noch am fünften Tage. Welche Möglichkeiten zu handeln hat sie? [206]

Frage 11: Zu welchem Zeitpunkt beginnt die Zeit des Wochenflusses?[207]

Frage 12: Wie lange ist die Mindestdauer und wie lange die Höchstdauer des Wochenflusses?[208]

---

204 Sie wäscht sich (*Ghusl*) und verrichtet ihre Gebete und fastet im Monat Ramadan. Sie verzichtet aber auf den Geschlechtsverkehr, bis die sechs Tage vorüber sind, denn in dieser Zeit gelten eventuell auftretende Blutungen als Monatsblutungen. Treten keine Blutungen mehr auf, so hat sich ihre *Adeh* auf vier Tage verkürzt.

205 Wenn mindestens 15 Tage seit der letzten Blutung vergangen sind, hört sie sofort mit dem Beten (und Fasten) auf, denn es könnte sein, dass sich ihr Monatszyklus geändert hat.

206 Sie hat zwei Handlungsoptionen: Entweder sie wäscht sich und fängt mit dem Gebet (und dem Fasten) an, verzichtet aber so lange auf den Geschlechtsverkehr, bis die Blutungen enden oder zehn Tage seit Beginn der Blutung vergangen sind. Oder sie wartet ab, bis die Blutungen endgültig stoppen. Dauern die Blutungen länger als zehn Tage, so weiß sie, dass die zusätzlichen Blutungen abnorme Blutungen waren. Endeten sie vor Ablauf der Zehntagesfrist, so weiß sie, dass sich ihre *Adeh* geändert hat.

207 Wenn die Hälfte des Kindes den Mutterleib verlassen hat, beginnt die Zeit des Wochenflusses.

208 Es gibt keine Mindestdauer für den Wochenfluss. Seine Höchstdauer beträgt 40 Tage.

Frage 13: Das Wochenbett dauerte bei der ersten Entbindung 17 Tage. Der Wochenfluss stoppt nach der zweiten Entbindung bereits nach 13 Tagen. Wie handelt die Frau richtig?[209]

Frage 14: Das Wochenbett dauerte bei der ersten Entbindung 25 Tage. Der Wochenfluss nach der zweiten Entbindung dauert aber über den 25. Tag hinaus an. Wie handelt die Frau richtig?[210]

Frage 15: Kann eine Frau nach einer Entbindung per Kaiserschnitt auch Wochenfluss bekommen?[211]

---

209 Sie fängt sofort mit dem Ende des Wochenflusses wieder zu beten (und zu fasten) an, wartet aber so lange mit dem Geschlechtsverkehr, bis die 17 Tage vorbei sind.

210 Die Frau bleibt im Wochenbett. Sollte der Wochenfluss vor der Vierzigtagesfrist enden, so hat sich die *Adeh* der Frau geändert. Sollte der Wochenfluss über die Vierzigtagesfrist hinaus andauern, so gelten alle Tage nach dem 25. Tag als *Istihadah*. Diese Tage müssen nachgebetet (und nachgefastet) werden.

211 Ja. Wenn bei der Frau nach der Kaiserschnittentbindung Vaginalblutungen auftreten, so gelten diese als Wochenfluss.

Literaturverzeichnis

Alauddîn Ebû Bekr bin Mes'ud el-Kâsâni: „Bedaiu's-Sanâi'fî Tertibi'ş-Şerâi'", Dâru'l-Kitabi'l-Arabî, Beyrut, 1982.

Bedruddîn Ebû Muhammed b. Mahmud b. Ahmed el-Aynî: „el-Benaye fî Şerhi'l-Hidâye", Dâru'l Fikr, 1. Baski, 1981.

Ebû Abdillah Muhammed b. Ismail el-Buhârî: "el-Mektebetü'l-Islâmiyye, Istanbul.

Ebu'l-Hüseyn Müslim b. Haccac el-Kuşeyrî: „el-Câmiu's-Sahîh", el-Mektebetü'l-Islâmiyye, Istanbul.

Salih Abdussami' el-Ezherî: „Cevheretu'l-Iklîl", Daru'l Fikr, Beyrut.

Molla Hüsrev; Muhammed b. Ferâmûz: „Dureru'l-Hukkam fî Şerhi Gurari'l-Ahkâm", Fazilet Neşriyat, Istanbul.

Alâuddîn Muhammed b. Ali b. Abdurrahman el-Haskefî: „ed-Durru'l-Munteka fî Şerhi'l-Munteka" (Mecmau'l-Enhur kenarinda), Dâru Ihyai't-Turâsi'l-Arabî, Beyrut, 1319 (n. H.).

Yûsuf el-Erdebîlî: „el-Envar li A'mâlil-Ebrâr", el-Mektebetü't-Ticâriye, Misir.

Şeyh Nazzâm: „el-Fatâva'l-Hindiyye", Dâru Ihyai't-Turâsi'l Arabî, Beyrut.

Diyanet Işleri Başkanliği Yayini (Hrsg.): „Fetavalar", Ankara, 1995.

Türkye Diyanet Vakfi Yayini (Hrsg.): „Fetavalar“, Ankara, 1996.

Ibnu’l-Hümâm Kamaluddîn Muhammed b. Abdilvâhid: „Fethu’l-Kadîr, Şerhu’l-Hidaye “, Dâru’l Ihyai’t-Turâsi’l-Arabî, Beyrut.

Vehbe ez-Zühaylî: „el-Fikhu’l-Islâmî ve Edilletuh“, 2. Baski, Dimaşk, 1985.

Abdurrahman el-Cezîrî: „el-Fikhu’l ale’l-Mezâhibi’l-Erbaâ“, Dâru’l-Fikr, Beyrut.

Ebû Bekr b. Muhammed Şatâ ed-Dimyâtî: „Ianetut’t-Tâlibîn ala Halli Elfâzi’l-Muîn“, Matbaatu Mustafa el-Bâbî el-Halebî, Misir, 1938.

Abdullah b. Mahmud el-Musilî: „el-Ihtiyar lita‘lili’l-Muhtar“, Cağri Yayinlari, Istanbul.

Dâmad Efendi Abdullah b. Muhammed b. Süleymân: “Mecmau’l-Enhur fî Şerhi Multeka’l-Ebhur“, Dâru Ihyai’t-Turâsi’l-Arabî, Istanbul, 1319.

Muhammed Emin Ibn Âbidîn: „Menhelu’l-Varidîn ala Zehri’l-Mütehhilîn“, 1836.

Ebî Muhammed Abdullah bin Ahmet bin Muhammed bin Kuddame: „el-Muğnî“, Mektebetu’r-Riyad, 620 (n. H.).

„Muğni’l-Muhtâc ilâ ma’rifeti Meâni Elfâzi’l-Minhâc“.

Muhammed b. Ali eş-Şevkânî: „Neylü'l-Evtar Şerhu Münteka'l-Ahbar", Matbaatu Mustafa el-Bâbî el-Halebî, 2. Baski, Misir, 1966.

Muhammed Emin Ibn Âbidîn: „Reddu'l Muhtâr ale'd-Durri'l-Muhtâr", Matbaatu Mustafa el-Bâbi el-Halebî, 2. Baski, Misir, 1966.

Ebu Davud Süleyman es-Sicistanî: „es-Sünen", el-Mektebetu'l Islâmiyye, Istanbul.

Ebu Abdillah Muhammed bin Mâce el-Kazvinî: „es-Sünen", el-Mektebetü'l Islâmiyye, Istanbul.

Ahmed b. Muhammed et-Tahtâvî: „et-Tahtâvî alâ Merâiki'l-Felâh", Temel Neşriyat, Istanbul, 1985.

Fahruddîn Osman b. Ali ez-Zeylaî: „Tebyînu'l-Hakaik Şerhu Kenzi'd-Dekaik", Daru'l-Ma'rife, Beyrut.